MIT KALENDARIUM, SAISONKALENDER UND GEFÜHLSTAGEBUCH

# Mein Jahr 2024 mit dem ARD Buffet

LECKER · NÜTZLICH · KREATIV

# Dieses Buch gehört

Name: ..................................................................

Adresse: ..................................................................

E-Mail: ..................................................................

Telefon: ..................................................................

Notfallkontakt: ..........................................................

## Tipp für die Nutzung: DIY-Stiftehalter

Dieser Kalender beinhaltet nicht nur kreative Ideen, tolle Rezepte und Wissenswertes rund um Haushalt und Gesundheit, sondern ist zudem ein unverzichtbares Planungsinstrument! Als stetiger Begleiter bringt er Ordnung in Ihr Terminchaos. Notieren Sie alle wichtigen Termine, machen Sie sich Notizen, planen Sie Ihre Einkäufe, sammeln Sie Ihre kreativen Einfälle und koordinieren Sie Ihren Alltag. Damit Sie dazu auch immer Ihren Lieblingsstift parat haben, können Sie sich ganz einfach eine Halterung selbst machen. Klemmen Sie dazu lediglich eine Foldbackklammer an den Rücken des Terminplaners. Nun können Sie den Clip des Kugelschreibers durch die Klammer schieben und ihn so befestigen.

Video

Zu allen DIY-Ideen finden Sie eine Videoanleitung auf unserem Youtube-Kanal „einfach kreativ".

Die Videos zu den aktuellen Rezepten aus den werktäglichen ARD-Buffet-Sendungen gibt es auf **www.ard-buffet.de** oder in der **ARD-Buffet-App** direkt auf Ihr Smartphone!

Blumen

Garten

Kreative Ideen

Ernährung & Gesundheit

Nützliches

Rezepte

Gefühlstagebuch

Mit unseren Gefühlen bewusst zu leben, ist eine große Bereicherung. Notieren Sie im Gefühlstagebuch die wichtigen Momente des Jahres und erinnern Sie sich regelmäßig, was bisher geschah. Malen Sie außerdem jeden Tag eine Form des entsprechenden Monats aus und behalten Sie Ihre Gefühle im Blick.

# Inhalt




Januar Februar März April Mai Juni Juli August September Oktober November Dezember

# Jahresübersicht 2024

## JANUAR

| | | | | | |
|---|---|---|---|---|---|
| Mo | 1 | 8 | 15 | 22 | 29 |
| Di | 2 | 9 | 16 | 23 | 30 |
| Mi | 3 | 10 | 17 | 24 | 31 |
| Do | ☾ | ● | ☽ | ○ | |
| Fr | 5 | 12 | 19 | 26 | |
| Sa | 6 | 13 | 20 | 27 | |
| So | 7 | 14 | 21 | 28 | |

## FEBRUAR

| | | | | | |
|---|---|---|---|---|---|
| Mo | | 5 | 12 | 19 | 26 |
| Di | | 6 | 13 | 20 | 27 |
| Mi | | 7 | 14 | 21 | 28 |
| Do | 1 | 8 | 15 | 22 | 29 |
| Fr | 2 | ● | ☽ | 23 | |
| Sa | ☾ | 10 | 17 | ○ | |
| So | 4 | 11 | 18 | 25 | |

## MÄRZ

| | | | | | |
|---|---|---|---|---|---|
| Mo | | 4 | 11 | 18 | ○ |
| Di | | 5 | 12 | 19 | 26 |
| Mi | | 6 | 13 | 20 | 27 |
| Do | | 7 | 14 | 21 | 28 |
| Fr | 1 | 8 | 15 | 22 | 29 |
| Sa | 2 | 9 | 16 | 23 | 30 |
| So | ☾ | ● | ☽ | 24 | 31 |

## APRIL

| | | | | | |
|---|---|---|---|---|---|
| Mo | 1 | ● | ☽ | 22 | 29 |
| Di | ☾ | 9 | 16 | 23 | 30 |
| Mi | 3 | 10 | 17 | ○ | |
| Do | 4 | 11 | 18 | 25 | |
| Fr | 5 | 12 | 19 | 26 | |
| Sa | 6 | 13 | 20 | 27 | |
| So | 7 | 14 | 21 | 28 | |

## MAI

| | | | | | |
|---|---|---|---|---|---|
| Mo | | 6 | 13 | 20 | 27 |
| Di | | 7 | 14 | 21 | 28 |
| Mi | ☾ | ● | ☽ | 22 | 29 |
| Do | 2 | 9 | 16 | ○ | ☾ |
| Fr | 3 | 10 | 17 | 24 | 31 |
| Sa | 4 | 11 | 18 | 25 | |
| So | 5 | 12 | 19 | 26 | |

## JUNI

| | | | | | |
|---|---|---|---|---|---|
| Mo | | 3 | 10 | 17 | 24 |
| Di | | 4 | 11 | 18 | 25 |
| Mi | | 5 | 12 | 19 | 26 |
| Do | | ● | 13 | 20 | 27 |
| Fr | | 7 | ☽ | 21 | ☾ |
| Sa | 1 | 8 | 15 | ○ | 29 |
| So | 2 | 9 | 16 | 23 | 30 |

Vollmond: ○ Halbmond, abnehmend: ◖

Neumond: ● Halbmond, zunehmend: ◗

## JULI

| | | | | | | |
|---|---|---|---|---|---|---|
| Mo | 1 | 8 | 15 | 22 | 29 |
| Di | 2 | 9 | 16 | 23 | 30 |
| Mi | 3 | 10 | 17 | 24 | 31 |
| Do | 4 | 11 | 18 | 25 | |
| Fr | 5 | 12 | 19 | 26 | |
| Sa | ● | 13 | 20 | 27 | |
| So | 7 | ◗ | ○ | ◖ | |

## AUGUST

| | | | | | |
|---|---|---|---|---|---|
| Mo | | 5 | ◗ | ○ | ◖ |
| Di | | 6 | 13 | 20 | 27 |
| Mi | | 7 | 14 | 21 | 28 |
| Do | 1 | 8 | 15 | 22 | 29 |
| Fr | 2 | 9 | 16 | 23 | 30 |
| Sa | 3 | 10 | 17 | 24 | 31 |
| So | ● | 11 | 18 | 25 | |

## SEPTEMBER

| | | | | | | |
|---|---|---|---|---|---|---|
| Mo | | 2 | 9 | 16 | 23 | 30 |
| Di | | ● | 10 | 17 | ◖ | |
| Mi | | 4 | ◗ | ○ | 25 | |
| Do | | 5 | 12 | 19 | 26 | |
| Fr | | 6 | 13 | 20 | 27 | |
| Sa | | 7 | 14 | 21 | 28 | |
| So | 1 | 8 | 15 | 22 | 29 | |

## OKTOBER

| | | | | | |
|---|---|---|---|---|---|
| Mo | | 7 | 14 | 21 | 28 |
| Di | 1 | 8 | 15 | 22 | 29 |
| Mi | ● | 9 | 16 | 23 | 30 |
| Do | 3 | ◗ | ○ | ◖ | 31 |
| Fr | 4 | 11 | 18 | 25 | |
| Sa | 5 | 12 | 19 | 26 | |
| So | 6 | 13 | 20 | 27 | |

## NOVEMBER

| | | | | | |
|---|---|---|---|---|---|
| Mo | | 4 | 11 | 18 | 25 |
| Di | | 5 | 12 | 19 | 26 |
| Mi | | 6 | 13 | 20 | 27 |
| Do | | 7 | 14 | 21 | 28 |
| Fr | ● | 8 | ○ | 22 | 29 |
| Sa | 2 | ◗ | 16 | ◖ | 30 |
| So | 3 | 10 | 17 | 24 | |

## DEZEMBER

| | | | | | | |
|---|---|---|---|---|---|---|
| Mo | | 2 | 9 | 16 | 23 | ● |
| Di | | 3 | 10 | 17 | 24 | 31 |
| Mi | | 4 | 11 | 18 | 25 | |
| Do | | 5 | 12 | 19 | 26 | |
| Fr | | 6 | 13 | 20 | 27 | |
| Sa | | 7 | 14 | 21 | 28 | |
| So | ● | ◗ | ○ | ◖ | 29 | |

# Geburtstagskalender

## Januar

| Tag | Name | Geschenkidee |
| --- | --- | --- |
| | | |
| | | |
| | | |

## Februar

| Tag | Name | Geschenkidee |
| --- | --- | --- |
| | | |
| | | |
| | | |

## März

| Tag | Name | Geschenkidee |
| --- | --- | --- |
| | | |
| | | |
| | | |

## April

| Tag | Name | Geschenkidee |
| --- | --- | --- |
| | | |
| | | |
| | | |

## Mai

| Tag | Name | Geschenkidee |
| --- | --- | --- |
| | | |
| | | |
| | | |

## Juni

| Tag | Name | Geschenkidee |
| --- | --- | --- |
| | | |
| | | |
| | | |

## Juli

| Tag | Name | Geschenkidee |
| --- | --- | --- |
| ............ | ............................ | ............................................ |
| ............ | ............................ | ............................................ |
| ............ | ............................ | ............................................ |

## August

| Tag | Name | Geschenkidee |
| --- | --- | --- |
| ............ | ............................ | ............................................ |
| ............ | ............................ | ............................................ |
| ............ | ............................ | ............................................ |

## September

| Tag | Name | Geschenkidee |
| --- | --- | --- |
| ............ | ............................ | ............................................ |
| ............ | ............................ | ............................................ |
| ............ | ............................ | ............................................ |

## Oktober

| Tag | Name | Geschenkidee |
| --- | --- | --- |
| ............ | ............................ | ............................................ |
| ............ | ............................ | ............................................ |
| ............ | ............................ | ............................................ |

## November

| Tag | Name | Geschenkidee |
| --- | --- | --- |
| ............ | ............................ | ............................................ |
| ............ | ............................ | ............................................ |
| ............ | ............................ | ............................................ |

## Dezember

| Tag | Name | Geschenkidee |
| --- | --- | --- |
| ............ | ............................ | ............................................ |
| ............ | ............................ | ............................................ |
| ............ | ............................ | ............................................ |

*An der Schwelle des neuen Jahres lacht die Hoffnung und flüstert, es werde uns mehr Glück bringen.*

Alfred Tennyson (1809 – 1892)

**Diesen Monat:**

Kugelige Gefäße

Germknödel mit Vanillesoße

Neujahrsputz – wohin mit den alten Geräten und Medien?

# Januar

KW 1

1
Montag

2
Dienstag

3
Mittwoch

4
Donnerstag

5
Freitag

6
Samstag
Heilige Drei Könige

7
Sonntag

KW 2

8
Montag

9
Dienstag

10
Mittwoch

11
Donnerstag

12
Freitag

13
Samstag

14
Sonntag

# KW 3

15
Montag

16
Dienstag

17
Mittwoch

18
Donnerstag

19
Freitag

20
Samstag

21
Sonntag

# Germknödel mit Vanillesoße

von Antonina Müller

**Zubereitungszeit: 3 Stunden**
**Für 6 Portionen**

**Für den Hefeteig**
- *500 g Weizenmehl, Type 405*
- *1 Prise Salz*
- *75 g Butter, weich*
- *1 Prise Zucker*
- *2 Eier, Größe M*
- *20 g Hefe, frisch*
- *200 ml Milch*

**Für die Füllung**
- *10 Pflaumen, getrocknet und entkernt*
- *200 g Zucker*
- *250 ml Rotwein (alternativ: Johannisbeersaft)*
- *1 Bio-Zitrone*
- *2 Sternanis*
- *1 Zimtstange*

**Zum Garen**
- *500 ml Milch*
- *50 g Butter*
- *1 Prise Salz*
- *50 g Zucker*

**Für die Vanillesoße**
- *1 Vanilleschote*
- *800 ml Milch*
- *150 g Zucker*
- *5 Eigelb*

1 Für den Hefeteig Mehl und Salz mischen. Butter, Zucker und Eier darauf geben. Die Hefe darüber bröseln und zuletzt die Milch angießen. Alles zu einem glatten Teig kneten, 5 Minuten gut durchkneten und ca. 1 Stunde zugedeckt bei Zimmertemperatur gehen lassen.

2 Für die Füllung die Pflaumen in Stücke schneiden. Zucker in einen Topf geben und goldgelb karamellisieren. Mit Rotwein ablöschen und die getrockneten Pflaumen zugeben. Zitronensaft mit Sternanis und Zimtstange in den Topf geben und so lange kochen, bis die Flüssigkeit eingekocht ist. Sternanis und Zimtstange herausnehmen. Den Rest mit dem Pürierstab fein mixen und abkühlen lassen.

3 Den Hefeteig zu 6 gleich großen Kugeln formen und flach drücken. Etwas Füllung darauf geben, verschließen und wieder zu Kugeln formen. Die Kugeln auf eine leicht bemehlte Arbeitsfläche setzen und zugedeckt ca. 30 Minuten gehen lassen.

4 Milch mit Butter, Salz und Zucker in einen beschichteten Topf geben und aufkochen. Die gefüllten Teigkugeln nebeneinander in die Milch setzen und zugedeckt bei mittlerer Hitze ca. 30 Minuten dämpfen. Dabei darf der Deckel nicht geöffnet werden, sonst fallen die Germknödel zusammen.

5 Für die Vanillesoße Milch, Zucker, Vanillemark und ausgestrichene Vanilleschote in einen Topf geben und aufkochen.

6 Die Eigelbe in eine Schüssel geben, unter ständigem Rühren mit dem Schneebesen die heiße Milch dazugeben und unterrühren. Die Masse über dem heißen Wasserbad unter Rühren bis zur gewünschten Konsistenz andicken lassen.

7 Die Soße vom Wasserbad nehmen und durch ein Sieb passieren.

8 Die gegarten Germknödel anrichten und die warme Vanillesoße dazu servieren.

# Neujahrsputz – wohin mit den alten Geräten und Medien?

*von Andreas Frisch*

**Die kalte Jahreszeit kann man gut zum Ausmisten nutzen. Aber wohin mit den alten Geräten?**

Defekte Elektroteile können bei der Altgerätesammlung abgegeben werden. Denken Sie bei Computern und Handys daran, Ihre persönlichen Daten zu löschen und die Geräte auf Werkseinstellungen zurückzusetzen. Über neuere brauchbare Geräte, wie Notebooks, Monitore, Tastaturen und Handys freuen sich lokale Spendeninitiativen. Bei einigen Geräten wie z. B. Akkugeräten mit defekter Batterie kann auch eine Reparatur in Betracht gezogen werden. Medien wie Tonbänder, Videokassetten oder Dias können digitalisiert werden, bevor sie über den Hausmüll entsorgt werden. CDs und DVDs in größeren Mengen sollten beim Wertstoffhof abgegeben werden, um den Kunststoff Polycarbonat zu recyceln. Für Röhrengeräte, Computer aus den 80ern oder Originalmedien interessieren sich evtl. Sammler!

# Kugelige Gefäße

*von Lisa Tihanyi*

**Die kugeligen Gefäße sind ein absoluter Interior-Trend: als Übertopf oder Utensilo, in der Küche oder im Wohnzimmer!**

**So geht's**

Sie brauchen ein Gefäß (z. B. einen Blumentopf oder eine Dose), halbe Holzperlen, Acrylfarbe oder -spray, eine alte Zahnbürste und Heißkleber. Messen Sie aus, wie die Holzperlen sich am besten um das Gefäß platzieren lassen. Kleben Sie die Holzperlen mit Heißkleber auf das Gefäß. Achten Sie auf möglichst gleichgroße Abstände. Entfernen Sie Klebefäden mit einer Schere. Das Gefäß in einer beliebigen Farbe bemalen oder besprühen und trocknen lassen. Für die Sprenkel etwas Acrylfarbe mit etwas Wasser mischen (es sollte deutlich mehr Acrylfarbe als Wasser sein). Mit einer Zahnbürste die Farbe aufnehmen und mit dem Finger über die Borsten streichen, sodass die Farbe auf das Gefäß gesprenkelt wird. Nun kann der Blumentopf bepflanzt werden.

# KW 4

**22**
Montag

**23**
Dienstag

**24**
Mittwoch

**25**
Donnerstag

**26**
Freitag

**27**
Samstag

**28**
Sonntag

*Im Winter dreht sich die Welt nicht um die Sonne, sondern um einen Ofen.*

Pavel Kosorin (*1964)

Diesen Monat:

- Makramee-Blumenampel
- Orchideen richtig pflegen
- Frühlingsblüher richtig pflanzen und pflegen
- Zander in der Kartoffelkruste mit Rahmsauerkraut
- Raumspray selbst machen
- Natürliche Hilfe fürs Gedächtnis
- Straffendes Körperöl

# Februar

KW 5



**29**
Montag

**30**
Dienstag

**31**
Mittwoch

**1**
Donnerstag

**2**
Freitag

**3**
Samstag

**4**
Sonntag

## Raumspray selbst machen

von *Melanie Wenzel*

**Duftkerzen und Raumsprays sind gerade im Winter sehr beliebt. Allerdings enthalten Sie oft Duftstoffe, die auch Allergien auslösen können. Ein natürliches Raumspray für mehr Energie können Sie ganz einfach selbst machen.**

### So geht's

250 ml abgekochtes, noch warmes Wasser, 1 TL Natron, 50 ml Wodka, 5 Tropfen ätherisches Grapefruitöl, 5 Tropfen ätherisches Orangenöl und 3 Tropfen ätherisches Rosmarinöl in eine Sprühflasche mit 300 ml Fassungsvermögen füllen, kräftig schütteln und fertig!

Schütteln Sie die Flasche immer vor dem Gebrauch und sprühen Sie einige Sprühstöße in den Raum. Das Raumspray hält sich ca. 3 Monate.

## Natürliche Hilfe fürs Gedächtnis

von *Melanie Wenzel*

**Wirkstoffe aus der Natur unterstützen die Durchblutung im Gehirn und können so zu einer guten Gedächtnisleistung beitragen. Probieren Sie es mit dieser Teemischung aus.**

### So geht's

Geben Sie 25 g getrocknetes Jiaogulan-Kraut, 25 g getrockneten Ginseng, 25 g getrocknete Melisse und 25 g getrockneten Salbei in eine Teedose mit 100 ml Fassungsvermögen und schütteln Sie diese kräftig durch. Für einen Tee geben Sie einen Teelöffel der Kräutermischung in eine Teetasse und gießen 150 ml kochendes Wasser darüber. Lassen Sie den Tee zugedeckt 7 Minuten ziehen. Abseihen und genießen. Sie können bis zu 3 Tassen des Tees am Tag trinken. Nach spätestens 8 Wochen sollten Sie eine Pause von 2–3 Wochen einlegen.

# KW 6

Februar

**5**
Montag

**6**
Dienstag

**7**
Mittwoch

**8**
Donnerstag

**9**
Freitag

**10**
Samstag

**11**
Sonntag

# Zander in der Kartoffelkruste mit Rahmsauerkraut

*von Jörg Sackmann*

**Zubereitungszeit:**
**1 Stunde**
**Für 4 Portionen**

**Für das Sauerkraut**
- *2 Äpfel*
- *2 Schalotten*
- *500 g Sauerkraut, frisch aus dem Fass*
- *4 Stängel Estragon*
- *30 g Butterschmalz*
- *100 ml Wermut, trocken*
- *300 ml Apfelsaft, naturtrüb*
- *3 Lorbeerblätter*
- *etwas weißer Pfeffer aus der Mühle*
- *200 g Sauerrahm*
- *100 g Sahne*
- *2 EL Butter*
- *1 TL Honig*
- *etwas Salz*

**Für den Fisch**
- *500 g Kartoffeln, klein und festkochend*
- *1 Eiweiß*
- *4 Zanderfilets ohne Haut, á ca. 180 g*
- *1 EL Senf, körnig*
- *2 Stängel Estragon*
- *etwas Salz*
- *80 g Butterschmalz*

1 Äpfel waschen, schälen, vierteln, Kerngehäuse entfernen und in dünne Scheiben schneiden.

2 Schalotten schälen, halbieren und in feine Streifen schneiden.

3 Sauerkraut in ein Sieb geben, mit kaltem Wasser abbrausen und abtropfen lassen.

4 Estragon abbrausen, trocken schütteln, die Blätter abzupfen und fein schneiden.

5 In einem Topf Butterschmalz schmelzen und die Schalotten darin anschwitzen, die Apfelscheiben zugeben und kurz mit anschwitzen. Mit Wermut und Apfelsaft ablöschen, das Sauerkraut dazugeben. Estragonzweige und Lorbeerblätter zugeben und mit etwas Pfeffer würzen. Das Sauerkraut zugedeckt ca. 20 Minuten bei milder Hitze köcheln lassen.

6 Kartoffeln waschen, schälen und in 2–3 mm feine Scheiben schneiden.

7 Das Eiweiß leicht verquirlen.

8 Zanderfilets abbrausen, trocken tupfen, auf einer Seite mit Senf bestreichen, Estragon darauf streuen und die Kartoffelscheiben dachziegelartig darauf legen, mit dem Eiweiß bestreichen und leicht salzen.

9 In einer Pfanne Butterschmalz erhitzen und die Zanderfilets darin auf der Kartoffelseite goldbraun braten. Dann wenden und noch kurz auf der Fleischseite fertig garen.

10 Sauerrahm unter das Sauerkraut mischen und weitere 5 Minuten köcheln lassen.

11 Sahne halbsteif schlagen.

12 Butter und Honig unter das Sauerkraut mischen und mit Salz abschmecken, Estragon und Lorbeerblätter herausnehmen. Zuletzt die Sahne unterheben.

13 Sauerkraut auf der Tellermitte anrichten und den Fisch mit der Kartoffelkruste obenauf geben.

**Tipp:** 1/3 vom Kraut kann man mit ca. 100 ml Sahne pürieren, passieren und abschmecken, mit dem Pürierstab aufschäumen und um den Fisch verteilen.

12
Montag
Rosenmontag

13
Dienstag
Fastnacht

14
Mittwoch
Aschermittwoch
Valentinstag

15
Donnerstag

16
Freitag

17
Samstag

18
Sonntag

# KW 8



19
Montag

20
Dienstag

21
Mittwoch

22
Donnerstag

23
Freitag

24
Samstag

25
Sonntag

## Makramee-Blumenampel

von Lisa Tihanyi

**Manche Gläser sind einfach zu schade, um sie zu entsorgen – mit etwas Farbe, buntem Garn und Knoten bekommen sie ein zweites Leben.**

### So geht's

Ein leeres Marmeladenglas mit Acrylfarbe/-spray oder Kreidefarbe bemalen und trocknen lassen. 8 m Makramee-Garn in 8 Teile schneiden, die jeweils 1 m lang sind, und am Ende mit einem Knoten zusammenknoten. Das Marmeladenglas mit dem Boden nach oben aufstellen. Das Makramee-Garn so darauf legen, dass der Knoten mittig auf dem Glasboden liegt. Immer zwei Stränge zusammenlegen. 7 cm vom großen Knoten abmessen und an dieser Stelle die zwei Stränge verknoten. Je einen der beiden Stränge mit dem Nachbarstrang im Abstand von 7 cm verknoten, sodass ein Netzmuster entsteht. Die 8 Stränge am oberen Ende verknoten und die Blumenampel mit einem Haken an die Decke hängen.

## Straffendes Körperöl

von Melanie Wenzel

**Mit diesem selbst gemischten Körperöl können Sie die Hautelastizität und das Bindegewebe unterstützen.**

### So geht's

Füllen Sie 40 g getrocknete Efeublätter und 60 g getrocknetes Gundermann-Kraut mit 500 ml Rapsöl (oder einem anderen Pflanzenöl) in ein verschließbares Glas. Erhitzen Sie das verschlossene Glas im Wasserbad. Es sollte etwa 15 Minuten köcheln. Dann nehmen Sie es aus dem Topf und stellen es für 3 Tage an einen warmen Ort. Schütteln Sie es ab und zu. Nach 3 Tagen seihen Sie das Öl durch ein Teesieb oder einen Kaffeefilter ab und füllen es in eine dunkle Flasche (mind. 100 ml Fassungsvermögen). Geben Sie 5 Tropfen ätherisches Rosmarinöl dazu und schütteln Sie es kräftig durch.
Massieren Sie mit dem Öl ein- bis zweimal täglich Ihre Problemzonen ein. Das Öl hält sich mindestens 1 Jahr.

## Frühlingsblüher richtig pflanzen und pflegen

**Schneeglöckchen, Krokusse, Narzissen und Tulpen sind im Frühling vorgezogen zu kaufen. Hier erfahren Sie, was Sie beim Einpflanzen und bei der Pflege beachten müssen.**

Frühlingsblüher können in der Schale oder im Garten gepflanzt werden. Außer den Tulpen sind die Frühlingsblüher pflegeleicht. Im Beet können die Zwiebeln tiefer in die Erde gesetzt werden. Im Topf oder in der Schale kann man die Zwiebel auch rausstehen lassen. Bei Tulpenzwiebeln sollten Sie darauf achten, dass sie immer feucht sind. Bei richtiger Pflege sind Frühlingsblüher mehrjährig. Die hochgezüchteten Tulpen machen jedoch meist nach 2–3 Jahren schlapp. Wenn die Blumen verblüht sind, müssen die Blüten abgeknipst werden. Lassen Sie die Blätter dazu richtig eintrocknen. Sie können die Zwiebeln in der Erde lassen oder ausbuddeln und in einer dunklen Ecke verwelken lassen. Wenn Sie sie im Oktober wieder tief in die Erde setzen, kommen sie im nächsten Jahr wieder.

## Orchideen richtig pflegen

Die Orchidee sollte an einem hellen Ort stehen, aber ohne direkte Sonneneinstrahlung. Beschädigte Blätter sollten Sie abschneiden, da sie kaum regeneriert werden können. Die Orchidee wünscht sich höhere Luftfeuchtigkeit. Sie sollte mäßig feucht gehalten werden und nicht ganz austrocknen. Staunässe verträgt sie nicht, daher das Wasser im Untersetzer nach kurzer Zeit abgießen. Die Orchidee am besten einmal pro Woche in Wasser tauchen. Etwas kalkhaltiges, handwarmes Leitungswasser verträgt sie gut. Der Nährstoffbedarf ist gering, daher wird sie mit speziellem Orchideendünger im Gießwasser bereits gut versorgt. Etwa alle zwei Jahre im Frühjahr sollte die Orchidee umgetopft werden, wenn sich nach der Blüte seitlich Triebe bilden und es im Topf zu eng wird. Dabei das Substrat erneuern und keine Blumenerde verwenden.

*Der Frühling ist die Zeit der Pläne, der Vorsätze.*

Leo Tolstoi (1828–1910)

*Diesen Monat:*

- Körnerkissen aus Stoffresten
- Balsamico-Linsen mit gebackenem Mozzarella
- Oster-Tiramisu
- Augen auf beim Pflanzenkauf
- Leckere Erdbeeren aus eigener Ernte
- Ist das noch gut?
- Feuchtigkeitscreme fürs Gesicht
- Damit können Sie Kuhmilch ersetzen

# März

KW 9

26
Montag

27
Dienstag

28
Mittwoch

29
Donnerstag

1
Freitag

2
Samstag

3
Sonntag

# Balsamico-Linsen mit gebackenem Mozzarella

von Christian Henze

**Zubereitungszeit:**
**45 Minuten**
**Für 4 Portionen**

**Für die Linsen**

- *200 g Berglinsen*
- *5 EL Balsamico*
- *2 EL Zuckerrübensirup*
- *etwas Salz*
- *etwas Pfeffer aus der Mühle*
- *5 EL Olivenöl*
- *½ Bund Petersilie, glatt*

**Für das Pesto**

- *2 EL Pinienkerne*
- *100 g Tomaten, getrocknet in Öl*
- *100 g Parmesan oder Pecorino*
- *½ rote Chilischote*
- *1 Knoblauchzehe*
- *3 EL Tomatenmark*
- *2 EL Tomatenessig (alternativ: weißer Balsamcio)*
- *3 EL Wasser*
- *etwas Salz*
- *etwas Pfeffer*
- *1 Prise Zucker*
- *6 EL Olivenöl*

1 Linsen abspülen und in einem Topf mit kochendem Wasser ca. 20 Minuten weichkochen.

2 Pinienkerne in einer Pfanne ohne Fett rösten. Getrocknete Tomaten in grobe Stücke schneiden. Käse grob reiben. Chilischote waschen, der Länge nach aufschneiden, entkernen und das Fruchtfleisch fein würfeln. Knoblauch schälen und grob hacken.

3 Tomaten, Käse, Chili, Knoblauch, Tomatenmark, Pinienkerne, Essig und Wasser in einen Zerkleinerer geben und alles zu einer feinen Paste pürieren. Mit Salz, Pfeffer und Zucker abschmecken und das Olivenöl einrühren.

4 Die gekochten Linsen abgießen und in eine Schüssel geben.

5 Balsamico, Zuckerrübensirup, Salz und Pfeffer verrühren. Das Olivenöl unter Rühren in einem feinen Strahl einlaufen lassen. Das Dressing zu den Linsen geben und gut untermischen.

6 Petersilie abbrausen, trockenschütteln, die Blätter abzupfen, in Streifen schneiden und unter die Linsen mischen.

7 Mozzarella abtropfen lassen und in etwa 2 cm große Würfel schneiden.

8 Ei verquirlen und mit Salz und Pfeffer würzen.

9 Die Käsewürfel panieren. Dazu zunächst in Mehl wenden, durch das verquirlte Ei ziehen und dann in den Mandeln wälzen.

**Für den Mozzarella**

- *250 g Mozzarella*
- *1 Ei*
- *etwas Salz*
- *etwas Pfeffer aus der Mühle*
- *2 EL Dinkelmehl, Typ 630*
- *3 EL Mandeln, gemahlen*
- *300 g Frittierfett*

10 Frittierfett in einem Topf erhitzen. Es ist heiß genug, wenn an einem hölzernen Kochlöffelstiel, den man ins Fett hält, Blasen aufsteigen.

11 Die panierten Würfel portionsweise ca. 1 Minute im heißen Fett goldgelb ausbacken.

12 Zum Servieren die Linsen auf die Teller verteilen und die Mozzarellawürfel darauflegen. Das Pesto dazu reichen.

## KW 10

**4**
Montag

---

**5**
Dienstag

---

**6**
Mittwoch

---

**7**
Donnerstag

---

**8**
Freitag

---

**9**
Samstag

---

**10**
Sonntag

# KW 11

11
Montag

12
Dienstag

13
Mittwoch

14
Donnerstag

15
Freitag

16
Samstag

17
Sonntag

März

# Oster-Tiramisu

*von Sarah Gierig*

**Zubereitungszeit:**
**2 Stunden**
**Für 4 Portionen**

**Für das Tiramisu**

- *1 kleines Glas Schattenmorellen, ca. 370 ml*
- *1 EL Speisestärke*
- *200 ml Sahne, kalt*
- *25 g Puderzucker*
- *1 Vanilleschote*
- *120 g Mascarpone*
- *10–12 Löffelbiskuits*
- *200 ml Kaffee, kalt*

**Zum Verzieren je Glas**

- *1 EL Kakao*
- *1 Löffelbiskuit*
- *nach Belieben Schokoladenmelts, weiß und schwarz*
- *nach Belieben Kuvertüre, temperiert*

1 Kirschen mit dem Saft (320 ml) in einem Topf erhitzen. 1–2 EL Stärke mit ein wenig kaltem Wasser glattrühren. Sobald die Kirschen kochen, Stärke hinzugeben. Das Ganze aufkochen, den Topf vom Herd nehmen und abkühlen lassen.

2 Sahne mit Puderzucker steif schlagen. Mark der Vanilleschote mit der Mascarpone verrühren. Mascarpone und geschlagene Sahne miteinander vermengen.

3 Löffelbiskuits in kalten Kaffee tauchen und in die Dessertgläser geben. Die Sahne-Mascarponecreme darauf verteilen. Kirschen darauf geben und mit Mascarpone-Creme und Löffelbiskuits abwechselnd schichten.

4 Dessertgläser abdecken und für ein paar Stunden in den Kühlschrank stellen.

5 Das Dessert mit Kakao bestreuen. Nach Belieben mit halbierten Biskuitstangen, Schoko-Melts und flüssiger Kuvertüre zu einem Hasengesicht dekorieren.

**Tipp:** Wer keinen Kaffee mag, kann auch Kakao verwenden!

# KW 12

18
Montag

19
Dienstag

Frühlingsanfang

20
Mittwoch

21
Donnerstag

22
Freitag

23
Samstag

24
Sonntag

## Augen auf beim Pflanzenkauf

**Diese Tipps helfen Ihnen, beim Pflanzenkauf in Gärtnereien, Gartencentern, Baumärkten und Discountern Fehlgriffe zu vermeiden.**

Manche Tulpen bilden keine Knospen, deshalb vorsichtig die Triebe zusammendrücken, dann spüren Sie, ob sich innen eine Knospe befindet.
Oft werden die Pflanzen zu nass gehalten, dann können die Wurzeln verfaulen. Deshalb den Wurzelballen kontrollieren. Sieht man keine weißen Wurzeln mehr, lieber die Finger davonlassen.
Primeln bilden
ihre Knospen nicht mehr nach, deshalb immer Primeln kaufen, bei denen viele Knospen vorhanden sind.
Oftmals lagern die Pflanzen in Rollregalen, dort bekommen sie häufig nicht genug Licht. Das erkennt man an den dünnen, langen Trieben.
Haben die Pflanzen bereits gelbe oder vertrocknete Blätter, deutet das auf Nährstoffmangel, falsche Lagerung oder Schädlingsbefall hin.

## Ist das noch gut?

**Ein kleines eingraviertes Datum ist für viele Lebensmittel oft das Ticket in den Müll. Und das, obwohl sie eigentlich noch einwandfrei zu essen wären.**

Trockenprodukte wie Nudeln, Mehl und Puderzucker oder Konserven sind meist deutlich (Monate oder sogar Jahre) länger haltbar und können nach dem Mindesthaltbarkeitsdatum (MHD) noch gut gegessen werden. Vorsichtiger sollten Sie bei frischen Lebensmitteln wie Joghurt, Eiern oder Fleisch sein – gerade proteinreiche Lebensmittel sind schneller schlecht als andere. Neben dem Mindesthaltbarkeitsdatum gibt es auch noch das Verbrauchsdatum. Das steht auf verpackten, sehr leicht verderblichen Lebensmitteln. Ist das Verbrauchsdatum überschritten, sollten Sie genau hinschauen oder riechen und das Lebensmittel im Zweifel lieber wegschmeißen.

# KW 13

März

25
Montag

26
Dienstag

27
Mittwoch

28
Donnerstag

29
Freitag

Karfreitag

30
Samstag

31
Sonntag

## Feuchtigkeitscreme fürs Gesicht

*von Melanie Wenzel*

**Starten Sie strahlend schön in den Frühling – mit einer selbst gemachten Creme nach diesem Rezept.**

### So geht's

Geben Sie 30 g Kokoscreme, 30 g Kokosöl und 20 g Jojobaöl in eine kleine Schüssel und erwärmen Sie sie im Wasserbad, bis das Kokosöl sich aufgelöst hat. Geben Sie nun alles in einen Mixer und rühren Sie es durch, bis eine cremige Konsistenz entstanden ist. Füllen Sie die Creme in eine Cremedose. Entnehmen Sie die Creme mit einem Spatel und verteilen Sie sie im Gesicht, auf Hals und Dekolleté. Die Creme hält sich im Kühlschrank ca. 2 Wochen.

## Körnerkissen aus Stoffresten

*von Lisa Vöhringer*

**Der Berg an Stoffresten wächst immer weiter an – mit dieser tollen Upcycling-Idee können Sie ihn in Schach halten.**

### So geht's

Zeichnen Sie auf einen hitzefesten Stoffrest (100 % Baumwolle) das Motiv für Ihr Körnerkissen in der gewünschten Größe und Form zweimal auf und schneiden Sie die Teile aus. Achten Sie beim Ausschneiden darauf ca. 5 mm Abstand zur Markierung als Nahtzugabe zu lassen. Legen Sie die beiden Teile mit der schönen Seite nach innen aufeinander und nähen Sie die Kanten ab. Lassen Sie eine ca. 5 cm große Wendeöffnung. Den Stoff wenden und das Kissen zu ¾ befüllen (z. B. mit Kirsch- oder Traubenkernen, Dinkel oder Buchweizen). Anschließend die Wendeöffnung schließen. Erwärmen Sie das Kissen bei 60 Grad im Backofen oder für eine Minute bei 600 Watt in der Mikrowelle. Soll das Kissen zur Kühlung dienen, legen Sie es für mehrere Stunden in einer Plastiktüte ins Eisfach.

## Damit können Sie Kuhmilch ersetzen

**Viele Menschen vertragen keine Milch oder verzichten aus anderen Gründen darauf. Pflanzliche Alternativen gibt es viele. Aber welcher Milchersatz ist die beste Alternative?**

Kuhmilch punktet vor allem mit viel Calcium und hochwertigem Eiweiß. Das große Plus der pflanzlichen Alternativen: Sie enthalten kein Cholesterin. Das Risiko von Rückständen durch Antibiotika gibt es auch nicht. Sojamilch enthält von allen Ersatzprodukten am meisten wertvolles Eiweiß. Weite Transportwege und der hohe Wasserverbrauch verpassen der Sojamilch allerdings eine schlechte Ökobilanz. Hier ist der Haferdrink besser, da Hafer ein regionales Produkt ist, das auch bei uns angebaut wird und somit im Idealfall kurze Transportwege hat.

## Leckere Erdbeeren aus eigener Ernte

**Erdbeeren aus dem eigenen Garten sind der Inbegriff des frühen Sommers – hier zählt vor allem Geschmack! Hier finden Sie Sortenempfehlungen für den Garten oder den Balkonkübel.**

Korona ist eine der beliebtesten Erdbeersorten in Deutschland, weil sie süße, aromatische und haltbare Früchte liefert. Florika ist eine pflegeleichte Wiesenerdbeere. Die Früchte reifen über dem Laub und sind dadurch leicht zu finden. Sehr ertragreich ist die einzelne Pflanze nicht, aber die Menge auf der Erdbeerwiese führt zu gutem Ertrag. Lambada ist eine aromatische frühe Sorte, die leider etwas mehltauanfällig ist und auch zur Rhizomfäule neigt. Mieze Schindler ist eine alte Liebhabersorte. Die Früchte schmecken prima, sind aber ein bisschen unförmig und oft recht weich – zum Transport gar nicht geeignet, aber eine tolle Sorte für den Garten! Ostara ist eine durchtragende Sorte, die ab Mitte Juni bis zum ersten Frost immer wieder Früchte liefert.

# Gefühlstagebuch

Malen Sie jeden Tag eine Form passend zu Ihrer Stimmung aus.

Am Ende jedes Vierteljahres können Sie dann ablesen, wie Ihre Gefühlslage war.

## Januar

## Februar

| | | | |
|---|---|---|---|
| glücklich | müde | motiviert | antriebslos |
| entspannt | traurig | dankbar | nachdenklich |

## März

# Rückblick auf die letzten Monate

Dieses Jahr will ich folgende Ziele erreichen:

Hierfür möchte ich keine Energie mehr verschwenden:

Das habe ich mit viel Leidenschaft getan:

Dieser Tag war perfekt:

*Ist unsere Motivation stark und heilsam, können wir alles vollbringen.*

Dalai Lama (*1935)

Diesen Monat:

- Klimafreundlich einkaufen
- Farfalle mit Spinat, Käse und Chorizo
- Erdbeer-Biskuitrolle
- Hafer – nicht nur gut für Pferde
- Wunderkraut Pfefferminze
- Zartes Fußpeeling
- Küchenkräuter selbst ziehen
- Hochbeet für Balkon und Terrasse
- Fleischfressende Pflanzen

# April

KW 14

1
Montag

2
Dienstag

3
Mittwoch

4
Donnerstag

5
Freitag

6
Samstag

7
Sonntag

## Küchenkräuter selbst ziehen

**Der Frühling ist da, draußen regt sich die Natur, da juckt es vielen in den Fingern, auch mal ihre gärtnerische Ader auszuleben. Am besten gelingt das meist bei Kräutern.**

Petersilie, Dill und Kerbel kann man direkt ab März an Ort und Stelle säen. Die Vorkultur lohnt sich meist nur in rauen Lagen oder bei lehmigen Böden, die im Frühjahr lange nass und kalt bleiben. Ausdauernde Kräuter wie Zitronenmelisse oder Liebstöckel müssen vor dem Umzug ins Freie gut abgehärtet werden. Dazu die Töpfe an milden Tagen für einige Stunden an einen geschützten Ort ins Freie stellen und nach und nach die Zeit verlängern. Nach 1–2 Wochen können sie komplett raus. Die meisten Küchenkräuter bevorzugen wasserdurchlässige, nicht zu nährstoffreiche Beeterde oder spezielle Kräutererde. Bei sehr lehmigen Böden kann man die Startbedingungen durch das Einarbeiten von grobem Sand und humusreicher Komposterde verbessern.

## Hafer – nicht nur gut für Pferde

**Hafer ist vielseitig, gesund und wird deshalb auch in Deutschland immer häufiger angebaut. Auch die Produktpalette wird ständig umfangreicher.**

Hafer können wir täglich nutzen, nicht nur als Lebensmittel. Auch als hautverbessernder Bestandteil in Kosmetikprodukten ist Hafer großartig. Hafer ist nährstoffreicher als andere Getreidearten. Als Arzneipflanze wird er zum Beispiel bei Diabetes und bei Hautkrankheiten eingesetzt. Das Getreide enthält viele Ballaststoffe, die für unsere Verdauung gut sind, und reichlich Zink, Magnesium, B-Vitamine sowie entzündungshemmende Flavonoide. Hafer hilft, den Cholesterinspiegel zu senken. Zudem sind Haferflocken, die übrigens immer Vollkorn sind, glutenfrei. Haferprodukte erleben einen Aufschwung, weil sie sich für vegane Ersatzprodukte anbieten und Haferdrinks einen Milchersatz für Laktoseintolerante darstellen.

# KW 15

**8**
Montag

---

**9**
Dienstag

---

**10**
Mittwoch

---

**11**
Donnerstag

---

**12**
Freitag

---

**13**
Samstag

---

**14**
Sonntag

## Hochbeet für Balkon und Terrasse

**Mit einem Hochbeet schont man seinen Rücken, die Pflanzen bekommen mehr Licht und sie werden nicht so schnell von Schädlingen befallen.**

Wenn Sie das Hochbeet auf dem Balkon aufstellen, müssen Sie vorher die Tragfähigkeit checken. Es empfiehlt sich eines mit Füßen oder ein kleineres mit Bodenkontakt.

Als erstes Filtervlies auslegen – das verhindert, dass durch Regen Erde ausgespült wird.

Dann folgen bis zu fünf Schichten:

- Tonscherben, Tonkugeln oder Kaninchengitter
- Grobe Strauchabschnitte oder kleine Äste
- Grünschnitt oder Laub
- Kompost gemischt mit normaler Erde
- Blumen- oder Humuserde

Dank dieser Schichtung steckt das Hochbeet voller Nährstoffe, deshalb sollte man im ersten Jahr starkzehrende Pflanzen (Zucchini, Gurken, Rhabarber, Tomaten) einpflanzen, dann Mittelzehrer (Kohlrabi, Möhren, Zwiebeln, Porree) und darauf dann die Schwachzehrer (Rucola, Radieschen, Feldsalat, Kräuter, Erbsen).

# Farfalle mit Spinat, Käse und Chorizo

von Rainer Klutsch

**Zubereitungszeit:**
**45 Minuten**
**Für 4 Portionen**

- *3 EL Rosinen*
- *40 g Pinienkerne*
- *800 g Blattspinat, frisch*
- *250 g Chorizo-Würste (alternativ: Cabanossi)*
- *400 g Farfalle*
- *3 EL Olivenöl*
- *2 Zwiebeln*
- *2 Knoblauchzehen*
- *1 TL Paprikapulver, edelsüß*
- *1 Msp. Chilipulver*
- *1 Msp. Zimt*
- *100 ml Hühner- oder Gemüsebrühe*
- *2 EL Butter*
- *100 g Manchego-Käse (alternativ: Pecorino)*
- *etwas Salz*

1 Rosinen in heißem Wasser einweichen.

2 Pinienkerne in einer Pfanne ohne Fett rösten.

3 Blattspinat putzen, waschen und abtropfen.

4 Chorizo aus der Pelle lösen und würfeln.

5 Zwiebeln und Knoblauch schälen und würfeln.

6 Für die Pasta in einem Topf reichlich gesalzenes Wasser aufkochen. Sobald das Wasser kocht, Farfalle darin ca. 8–10 Minuten bissfest garen.

7 Olivenöl in einer tiefen Pfanne erhitzen. Zwiebeln und Knoblauch darin glasig dünsten. Chorizo dazugeben. Paprikapulver, Chili und Zimt unterrühren. Den Spinat zugeben und zusammenfallen lassen.

8 Eingeweichte Rosinen abtropfen und mit in die Pfanne geben. Brühe angießen und einige Minuten köcheln lassen.

9 Die Butter unter die Soße mischen und abschmecken.

10 Manchego grob reiben.

11 Gekochte Farfalle abgießen und mit der Soße mischen, eventuell noch etwas salzen. Farfalle und Soße auf die Teller verteilen, mit Pinienkernen und Manchego bestreut servieren.

KW 16

**15**
Montag

---

**16**
Dienstag

---

**17**
Mittwoch

---

**18**
Donnerstag

---

**19**
Freitag

---

**20**
Samstag

---

**21**
Sonntag

# KW 17

**22**
Montag

**23**
Dienstag

**24**
Mittwoch

**25**
Donnerstag

**26**
Freitag

**27**
Samstag

**28**
Sonntag

# Erdbeer-Biskuitrolle

von Theresa Knipschild

**Zubereitungszeit: mehr als 4 Stunden**
**Für 1 Rolle**

**Für den Biskuit**
- *5 Eier*
- *3 Prisen Salz*
- *100 g Zucker*
- *75 g Weizenmehl, Type 405*
- *30 g Speisestärke*
- *½ TL Backpulver*

**Für die Füllung**
- *250 g Erdbeeren*
- *40 g Zucker*
- *½ Vanilleschote*
- *2 Pck. Sahnesteif*
- *200 g Schmand oder Créme fráiche*
- *200 g Sahne, kalt*
- *50 g Erdbeerkonfitüre*

**Zusätzlich**
- *2 EL Zucker*
- *etwas Puderzucker*
- *10 Erdbeeren*

1 Backofen auf 190 Grad (Ober- und Unterhitze) vorheizen. Backblech mit Backpapier belegen.

2 Eier trennen. Eiweiß mit Salz steif schlagen. Die Hälfte des Zuckers dabei in das Eiweiß rieseln lassen.

3 Das Eigelb mit dem restlichen Zucker cremig schlagen.

4 Mehl, Speisestärke und Backpulver sieben und unter das Eigelb heben.

5 Eiweiß schrittweise ebenfalls unterheben, bis keine Schlieren mehr zu sehen sind.

6 Masse sofort gleichmäßig auf dem Backblech verstreichen und ca. 9–10 Minuten im Ofen goldbraun backen. Den Biskuit lieber zu kurz als zu lange backen, sonst wird er trocken und kann beim Aufrollen leicht brechen.

7 Die noch heiße Biskuitplatte mit 2 EL Zucker bestreuen (so trocknet die Oberfläche nicht aus). Ein Backpapier auf die Arbeitsfläche legen und den heißen Biskuit darauf stürzen. Backpapier von der Oberseite lösen. Der Biskuit ist jetzt noch flexibel. Von der längeren Seite aus mit dem Backpapier zu einer Rolle einrollen und vollständig abkühlen lassen.

8 Erdbeeren waschen, abtrocknen, putzen und in Würfel schneiden.

9 Zucker, Vanillemark und Sahnesteif mischen.

10 Schmand glattrühren. Sahne aufschlagen und Zucker-Sahnesteif-Mischung schrittweise dazu geben. Die steif geschlagene Sahne unter den Schmand heben und kaltstellen.

11 Biskuitrolle ausrollen und mit Konfitüre bestreichen. Dabei den oberen Rand freilassen, damit beim Aufrollen nicht alles herausquillt.

12 Sahnemischung auf den Biskuit streichen. Ebenfalls den oberen Rand freilassen. Früchte auf der Sahne verteilen.

13 Biskuit von der längeren Seite aufrollen. Ggf. die Ränder 2–3cm abschneiden, damit eine saubere Schnittfläche entsteht und kaltstellen.

14 Vor dem Servieren mit Puderzucker bestäuben und mit Erdbeeren dekorieren.

## Wunderkraut Pfefferminze von Melanie Wenzel

**Pfefferminze hat viele tolle Eigenschaften, sowohl für die äußere als auch für die innere Anwendung.**

**Aloe-Minze-Drink bei Reizdarm**
5 Zweige frische Minze abbrausen und trockentupfen oder 1 TL getrocknete Pfefferminze nehmen. Mit 40 g Aloe-Vera-Drink und 250 ml Wasser in einen Mixer geben und alles ca. 60 Sekunden auf höchster Stufe pürieren. Drink immer frisch zubereiten und kurmäßig über 10 Tage täglich morgens oder abends 1 Glas trinken.

**Pfefferminz-Roll-On gegen Kopfschmerzen**
9 ml Alkohol (96 %) und 1 ml ätherisches Pfefferminzöl in ein 10 ml großes Roll-On-Gefäß einfüllen. Glas verschließen und kräftig schütteln, fertig! Der Roll-On hält sich ca. 1 Jahr. Bei Kopfschmerzen langsam mit dem Roll-On in der Schläfengegend auf- und abfahren. Dabei nicht an die Augen kommen!

## Fleischfressende Pflanzen

Fleischfressende Pflanzen sind hoch spezialisierte Pflanzen, von denen die meisten in extrem nährstoffarmen Böden angesiedelt sind. Hier können sie von ihrer Fähigkeit profitieren, sich durch den Fang von Tieren zusätzliche Nährstoffe anzueignen. Sie überleben auch ohne die animalische Zusatznahrung, da sie Photosynthese betreiben. Durch die zusätzlichen Nährstoffe wachsen und blühen sie jedoch besser. Für die Pflanze ist das Schließen der Fallen Arbeit. Jede Falle kann nur ca. achtmal schließen. Danach stirbt sie ab und macht einem frischen Blatt Platz. Tote Insekten werden von den Fallen nicht angenommen. Am besten gedeiht die Pflanze in einer Spezialerde an einem sonnigen Platz. Fleischfressende Pflanzen müssen feucht gehalten werden. Am besten gelingt das in einem ausgedienten Aquarium oder einer großen Glasvase. Zum Gießen kommt nur weiches Wasser wie Regenwasser in Frage.

# Klimafreundlich einkaufen

**In der EU gibt es mehr als 250 Umweltlabel, etwa 80 beziehen sich auf CO2-Emissionen. Aber noch gibt es keine geschützten Standards. Für die Verbraucher ist es nahezu unmöglich nachzuvollziehen, wie das Klima durch den Kauf eines bestimmten Produktes geschützt wird.**

Zum klimafreundlichen Einkaufen gehört es, regionale Produkte zu kaufen und lange Transportwege einzusparen. Zudem kann man darauf achten, saisonal einzukaufen. Insbesondere Obst und Gemüse, das vor Ort gereift ist, schmeckt besser und ist in der Saison oft preiswerter. Auch das vermehrte Kaufen pflanzlicher Lebensmittel anstelle von tierischen Produkten hilft der Umwelt. Hilfreich ist auch der Verzicht auf Plastikverpackungen. Stattdessen können Mehrwegverpackungen und Schraubgläser benutzt werden.



# Zartes Fußpeeling

*von Melanie Wenzel*

**Unsere Füße vernachlässigen wir gerne ein wenig, dabei sind sie so wichtig! Mit diesem selbstgemachten Fußpeeling können Sie Ihre Füße verwöhnen.**

## So geht's

6 EL Naturjoghurt, 2–4 EL geriebene Mandeln, 1 TL Honig und 5 Tropfen ätherisches Grapefruitöl vermischen und gut umrühren. In die feuchte Haut einige Minuten gut einmassieren und danach mit warmem Wasser abspülen. Bei rissigen Fersen über Nacht Honig auftragen und danach vorsichtig waschbare Baumwollsocken darüberziehen.

*Unser Schicksal hängt nicht von den Sternen ab, sondern von unserem Handeln.*

William Shakespeare (1564 – 1616)

**Diesen Monat:**

- Tonschale mit Blattabdruck
- Wissenswertes über Grillsoßen
- Mai-Bowle
- Gefüllte Kalbsröllchen mit Spargel und Mozzarella
- Beeren-Baiser-Dessert

# Mai

KW 18

29
Montag

30
Dienstag



1
Mittwoch

2
Donnerstag

3
Freitag

4
Samstag

5
Sonntag

## Tonschale mit Blattabdruck
### von Katharina Pasternak

**Mit den Händen arbeiten und etwas Schönes erschaffen – das ist Töpfern!**

**So geht's**
Ton ca. 1 cm dick und so groß, wie die Schale sein soll, ausrollen. 30 Minuten antrocknen lassen, sodass der Ton nicht mehr ganz so weich ist. Luftblasen mit einem Messer aufstechen, da sie sonst im Ofen platzen könnten. Ein Blatt (bzw. das gewünschte Motiv) auf den Ton drücken, mit dem Finger gründlich nachfahren, damit sich auch die feinen Adern abzeichnen. Den Ton entlang der Blattform mit einem Messer zuschneiden. Mit den Fingern die Ränder zu einer Schale formen und mit einem feuchten Schwamm versäubern. Nach 10 Tagen kann die Schale in den Schrühbrand gehen und anschließend glasiert werden. Das Muster wird unter der Glasur etwas verschwinden, aber später im Glasurbrand wieder schön rauskommen. Die Unterseite nicht glasieren, da die Glasur beim Brennvorgang ausschmilzt und die Schale nicht mehr aus dem Ofen rauszubekommen wäre.

## Mai-Bowle von Natalie Lumpp

**Erfrischend, prickelnd und immer wieder anders: Die Mai-Bowle ist perfekt für warme Sommerabende!**

**So geht's**
2 Gurken halbieren und entkernen. Eine der Gurken in kleine Würfel schneiden. Die andere Gurke mit einem Mixstab oder im Standmixer pürieren. Die Schale von 2 Bio-Limetten abreiben. Den Saft von 4 Limetten auspressen. Die Blätter von einem Bund Minze abzupfen und in Streifen schneiden. Kurz vor dem Servieren mit 1 l Mineralwasser und 1 Flasche Sekt (alternativ Traubensaft oder alkoholfreier Sekt) aufgießen und genießen. Bei Bedarf mit Eiswürfeln kühlen.

# KW 19

6
Montag

7
Dienstag

8
Mittwoch

Mai

Christi Himmelfahrt

9
Donnerstag

10
Freitag

11
Samstag

Muttertag

12
Sonntag

# Gefüllte Kalbsröllchen mit Spargel und Mozzarella

*von Kevin von Holt*

**Zubereitungszeit:**
**45 Minuten**
**Für 4 Portionen**

- *4 Frühlingszwiebeln*
- *200 g Spargel, grün*
- *8 Kalbsschnitzel, je 100 g*
- *etwas Salz*
- *etwas Pfeffer aus der Mühle*
- *100 g Mozzarella*
- *4 EL Olivenöl*
- *125 ml Weißwein, trocken*
- *125 ml Kalbsfond*
- *einige Holzspieße zum Fixieren*

1. Frühlingszwiebeln putzen, waschen und in feine Ringe schneiden.
2. Den grünen Spargel waschen, im unteren Drittel schälen und eventuell holzige oder angetrocknete Enden großzügig abschneiden. Spargelstangen evtl. längs halbieren.
3. Die Kalbsschnitzel trockentupfen und dünn plattieren. Anschließend mit Salz und Pfeffer würzen.
4. Mozzarella in dünne Scheiben schneiden und auf die vorbereiteten Fleischscheiben legen.
5. Spargelstangen in Breite der Fleischscheiben zuschneiden und mit den Frühlingszwiebeln auf die Fleischscheiben geben. Alles leicht mit Salz und Pfeffer würzen, fest aufrollen und mit Zahnstochern fixieren.
6. In einer Pfanne Olivenöl erhitzen und die Röllchen darin rundherum kräftig anbraten.
7. Mit Weißwein ablöschen und den Kalbsfond angießen. Die Röllchen zugedeckt bei milder Hitze ca. 15 Minuten garen.
8. Anschließend den Bratenfond abschmecken.
9. Die Röllchen auf Teller geben, mit dem Bratenfond beträufeln und servieren.
10. Dazu passt frisch gekochte und in einer Pfanne mit Butter geschwenkte Pasta oder frisches Ciabattabrot.

KW 20

13
Montag

14
Dienstag

15
Mittwoch

16
Donnerstag

17
Freitag

18
Samstag

19
Sonntag

Pfingstsonntag

## KW 21

Pfingstmontag

**20**
Montag

**21**
Dienstag

**22**
Mittwoch

**23**
Donnerstag

**24**
Freitag

**25**
Samstag

**26**
Sonntag

## Wissenswertes über Grillsoßen

### Haltbarkeit

Die meisten Hersteller von Grillsoßen nutzen verschiedene Konservierungsverfahren wie Salzen, Säuern, Erhitzen und Einkochen. Die Soßen kommen daher komplett steril in den Kühlschrank und dort sollten sie auch bleiben. Achten Sie darauf, dass die Soßen nur mit sauberen Löffeln in Kontakt kommen, dann halten sie sich auch über das Mindesthaltbarkeitsdatum hinaus. Führen Sie trotzdem vor dem Essen immer einen sensorischen Test durch.

### Zutaten

Der Zuckergehalt in Grillsoßen ist oft sehr hoch, da der Zucker auch der Konservierung dient. Dadurch ist auch der Säuregehalt sehr hoch. Darüber hinaus wird mit Geschmacksverstärkern, also geschmacksfördernden Zutaten, wie Hefeextrakt, Aromen, Säuerungsmitteln, Konservierungsstoffen, Verdickungsmitteln, Farbstoffen oder färbenden Extrakten gearbeitet, um ein in der Herstellung günstiges, aber attraktives Produkt zu konstruieren. Um sich von Konkurrenten abzuheben, werden allerlei Geschmacksrichtungen kreiert, die aber oft nur mit viel Aroma die eigentlichen Zutaten vorgaukeln. Auch versteckter Alkohol kann sich aus aromagebenden Gründen in der Soße wiederfinden. Bis zu 1,2 % muss dieser nicht deklariert werden.

### Glas- oder Plastikflasche?

Aus ernährungswissenschaftlicher Sicht ist das eigentlich egal. Aus Nachhaltigkeitsgründen sollte man, auch wenn es sich vielleicht paradox anhört, eher zur Plastikflasche greifen. Denn Glas wird oft nicht wiederverwendet und die Herstellung braucht eine Menge Energie. Die beste Lösung: Selbstmachen und in wiederverwendbare Behälter füllen.

# Beeren-Baiser-Dessert

von Sarah Gierig

**Zubereitungszeit:**
**10 Minuten**
**Für 4 Portionen**

- *125 g Eiweiß*
- *200 g Zucker*
- *100 g Puderzucker*
- *400 g Schlagsahne*
- *200 g Quark*
- *1 Pck. Vanillezucker*
- *350 g Himbeeren oder Erdbeeren*
- *etwas Minze, frisch*

1 Für das Baiser Eiweiß und Zucker über dem Wasserbad erhitzen, dann mit dem Mixer zu einem schönen Schnee schlagen. Puderzucker unterheben und mit dem Dressierbeutel kleine Rosetten spritzen. Bei 90 Grad über Nacht trocknen lassen.

2 Für die Creme die geschlagene Sahne mit dem Quark und dem Vanillezucker verrühren.

3 Mit den Himbeeren beginnend, abwechselnd Beeren, Baiser und Sahne-Quark in die Gläser schichten und kaltstellen.

4 Am besten schmeckt es, wenn es 2–3 Stunden durchziehen konnte. Kurz vor dem Servieren das Dessert mit Himbeeren, Baiser und Minze dekorieren.

*Schau tief in die Natur, und dann wirst du alles besser verstehen.*

Albert Einstein (1879–1955)

Diesen Monat:

Lilienstrauß mit Zweigen

Beeren – gesunde Kraftpakete

Obst besser ganz oder als Smoothie?

Gnocchi in Salbeibutter mit gegrillter Honigmelone

Blitzsalatdressing, vegan und ohne Zuckerzusatz

# Juni
KW 22

**27**
Montag

**28**
Dienstag

**29**
Mittwoch



**30**
Donnerstag

Fronleichnam

**31**
Freitag

**1**
Samstag

**2**
Sonntag

# Gnocchi in Salbeibutter mit gegrillter Honigmelone

von Rainer Klutsch

**Zubereitungszeit:**
**1 Stunde**
**Für 4 Portionen**

### Für die Gnocchi

- *800 g Kartoffeln, mittelgroß und mehligkochend*
- *etwas Salz*
- *8 EL Butter*
- *5 Eigelb*
- *etwas frisch geriebene Muskatnuss*
- *250 g Weizenmehl, Type 405*
- *½ Bund Salbei*

### Für die Honigmelone

- *1 Honigmelone*
- *etwas Pfeffer aus der Mühle*

1 Kartoffeln schälen und in Salzwasser weichkochen.

2 In einem Topf 2 EL Butter erhitzen und sacht bräunen.

3 Die weich gekochten Kartoffeln abschütten und etwas ausdampfen lassen. Die noch warmen Kartoffeln durch eine feine Kartoffelpresse in eine Schüssel drücken.

4 Eigelbe, 1 Prise Salz, etwas Muskatnuss, gebräunte Butter und so viel Mehl unterkneten, dass eine formbare Masse entsteht.

5 Kartoffelmasse auf einer leicht bemehlten Arbeitsfläche zu Rollen mit etwa 2 cm Durchmesser formen. In etwa 3 cm große Stücke teilen, rund rollen und mit einer Gabel das typische Rillenmuster eindrücken.

6 Gnocchi auf einem fein mit Mehl bestäubten Blech verteilen.

7 Salzwasser in einem Topf aufkochen. Gnocchi portionsweise ins kochende Wasser geben und sacht köchelnd gar ziehen lassen, bis sie an die Wasseroberfläche steigen.

8 Gnocchi mit einem Schaumlöffel aus dem Wasser heben, abtropfen lassen und auf einem Backblech oder einer Platte verteilen.

9 Salbei abbrausen, trocken schütteln, die Blätter abzupfen und in grobe Streifen schneiden.

10 Honigmelone waschen, abtrocknen, halbieren, die Kerne ausstreichen, in gleichgroße Spalten schneiden und schälen.

11 Eine Grillpfanne erhitzen und die Melonenspalten darin von jeder Seite ca. 2 Minuten braten. Je nach Geschmack mit etwas Pfeffer würzen.

12 In einer hohen Pfanne die restliche Butter erhitzen und den Salbei darin kurz braten, die gegarten Gnocchi dazugeben und in der Butter schwenken.

13 Gnocchi direkt aus der Pfanne auf die Teller geben und die Spalten der Honigmelone dazulegen.

3
Montag

4
Dienstag

5
Mittwoch

6
Donnerstag

7
Freitag

8
Samstag

9
Sonntag

KW 24

10
Montag

11
Dienstag

12
Mittwoch

13
Donnerstag

14
Freitag

15
Samstag

16
Sonntag

Juni

17
Montag

18
Dienstag

19
Mittwoch

20
Donnerstag
Sommeranfang

21
Freitag

22
Samstag

23
Sonntag

KW 26

24
Montag

25
Dienstag

26
Mittwoch

27
Donnerstag

28
Freitag

29
Samstag

30
Sonntag

Juni

## Beeren – gesunde Kraftpakete

**Beeren haben wenig Kalorien, viel Vitamin C und wichtige Mineralstoffe wie Kalium, Eisen und Magnesium. Täglich eine Portion Beeren kann helfen, Entzündungen im Körper zu hemmen.**

Von Ende Mai bis Ende Oktober können Beeren in Deutschland geerntet werden. Die meisten Beeren sind empfindlich und können darum nur 1–2 Tage im Kühlschrank gelagert werden. Sie werden erst direkt vor dem Essen gewaschen und sollten dabei nur kurz im Wasser liegen. Beeren sind perfekt zum Entsaften und zum Kochen von Marmelade und Chutneys. Einige robuste Arten eignen sich auch zum Einfrieren. Stachelbeeren enthalten viel Pektin. Das ist gut fürs Gelieren bei der Marmeladenherstellung und nebenbei ein wertvoller Ballaststoff. Dank ihrer Schale und dem Pektin sind Stachelbeeren genau wie die Johannisbeeren robuster und druckunempfindlicher. Sie lassen sich besser einfrieren.

## Lilienstrauß mit Zweigen

*von Holger Schweizer*

**Sie duften und blühen so wunderbar! Erfreuen Sie sich an dieser Kombination aus Lilien und natürlichen Materialien aus dem Wald!**

### So geht's

Eine Glasvase mit Rinde und Moos ummanteln und mit Draht fixieren. Anschließend die bemoosten Zweige mit Wasser besprühen. Immer 2–3 Zweige zusammennehmen und eine botanische Lilie dazwischen einziehen. Farn und Gräser anlegen, alles unten zusammenbinden, auf eine Länge kürzen und in die Vase stellen.

# Blitzsalatdressing, vegan und ohne Zuckerzusatz

*von Dr. Stephan Lück*

**Mit diesem schnellen Dressing können Sie Ihrem Salat eine fruchtige Note verleihen.**

**So geht's**

1 Bio-Nektarine, 1 Bio-Aprikose und ½ Bund frische Petersilie waschen. Die Früchte entkernen und achteln. Die Petersilie klein hacken. Die Fruchtstücke mit 3 EL Apfelessig (naturtrüb) und 1 TL jodiertes Speisesalz in einen Becher geben und fein pürieren. Danach 3 EL Mandelöl untermixen. Die Petersilie dazugeben und umrühren. Sollten die Früchte nicht reif genug sein, einen gehäuften Teelöffel Blütenhonig darunter rühren.

# Obst besser ganz oder als Smoothie?

Obst enthält viele wertvolle Inhaltsstoffe, wie Ballaststoffe und sekundäre Pflanzenstoffe. Die sogenannten Antioxidantien können das Risiko für verschiedene Krankheiten reduzieren. Obst enthält auch reichlich Frucht- und Traubenzucker. Die Deutsche Gesellschaft für Ernährung (DGE) empfiehlt pro Tag ca. 100–250 g frisches Obst. Um die optimale Mischung der guten Inhaltsstoffe zu bekommen, möglichst unterschiedliche Obstsorten essen. Je verarbeiteter das Obst ist, desto weniger gute Inhaltsstoffe enthält es. Bereits das Pressen und Mixen für frischen Obstsaft oder Smoothies setzt Abbau- und Oxidationsprozesse in Gang. Säfte und Smoothies haben außerdem ein geringeres Volumen bei höherer Energiedichte und sind für eine längere Sättigung nicht so gut geeignet wie die pure Frucht. Bio-Obst ist in der Regel die bessere Wahl. Vor allem da die Schale, unter der die meisten guten Inhaltsstoffe stecken, ohne Bedenken mitgegessen werden kann.

Malen Sie jeden Tag eine Form passend zu Ihrer Stimmung aus.

Am Ende jedes Vierteljahres können Sie dann ablesen, wie Ihre Gefühlslage war.

# Gefühlstagebuch

## April

## Mai

| | | | |
|---|---|---|---|
| glücklich | müde | motiviert | antriebslos |
| entspannt | traurig | dankbar | nachdenklich |

## Juni

# Rückblick auf die letzten Monate

Das hat mich besonders inspiriert:

In diesem Moment war ich vollkommen zufrieden:

Das habe ich geschafft:

Das habe ich aufgeschoben:

*Wunder stehen nicht im Gegensatz zur Natur, sondern nur im Gegensatz zu dem, was wir über die Natur wissen.*

St. Augustin (354 n. Chr.–430 n. Chr.)

Diesen Monat:

- Schwimmende Dahlien
- Oliven – lecker und gesund
- Getränkedeckel aus Bügelperlen
- Gebratenes Sommergemüse mit Ofen-Aubergine
- Hausmittel gegen Schädlinge im Garten – Heimische Heilpflanzen

# Juli

KW 27

**1**
Montag

**2**
Dienstag

**3**
Mittwoch

**4**
Donnerstag

**5**
Freitag

**6**
Samstag

**7**
Sonntag

## Oliven – lecker und gesund

Es gibt schätzungsweise mehr als 1.000 verschiedene Olivensorten. Bei den grünen Oliven ist die bekannteste Sorte Manzanilla aus Spanien, bei den schwarzen sind es die Kalamata-Oliven aus Griechenland. Alle Oliven sind zunächst grün und verfärben sich mit zunehmender Reife violett bis schwarz. Besonders vorsichtig sollten Sie bei tiefschwarzen Oliven im Handel sein, da diese mit einem ungesunden Farbstoff gefärbt werden. Oliven mit Kern halten das Aroma länger. Ohne Kern bieten sie eine größere Angriffsfläche für Flüssigkeit. Bei Oliven ohne Kern darauf achten, dass sie in Olivenöl eingelegt sind. Bio-Produkte enthalten weniger Zusatz- und Konservierungsstoffe, außerdem weisen sie einen höheren Gehalt an Antioxidantien auf, da keine Pestizide und hochgezüchteten Sorten verwendet werden. Bei Bio-Produkten wird eher hochwertigeres Öl verwendet.

## Hausmittel gegen Schädlinge im Garten *von Heike Boomgaarden*

Sommerzeit ist auch immer Läuse-, Schnecken- und Ameisenzeit. Einfache Hausmittelchen ganz ohne Chemie können Blattläusen und Co. das Leben schwer machen. Eine Mischung aus Zimt, Chili und Gesteinsmehl schreckt Schnecken und Insekten ab. Schmierseifenlauge (1 EL auf 1 l) wirkt gegen Blattläuse und eine Zitronenjauche gegen Ameisen. Ein Kaltwasser-Auszug aus 100 g Knoblauch auf 1 l Wasser, dazu 1 EL Senfkörner, der 24 Stunden stehen gelassen wurde, bekämpft Blattläuse. Behandelt werden sollte immer bei bedecktem Himmel, sonst kann es zu Schäden an den Pflanzen kommen.

## Schwimmende Dahlien

*von Holger Schweizer*

**Eine neue, sommerliche Idee: Dahlien perfekt in Szene gesetzt.**

**So geht's**

Einen Steckmasse-Kranz wässern. Dann die obere Hälfte des Kranzes horizontal wegschneiden. Styroporreste, falls vorhanden, an vier Stellen unter den Steckmasse-Kranz legen, um den Halt zu verbessern. Die Sisal-Schnur bzw. die aufgeraute Schnur in Rosé-Tönen um den Kranz legen und den Kranz komplett mit dem Garn umwickeln. Nun die Dahlien-Köpfe einstecken – dazu die Dahlien kurz abschneiden und nebeneinander in den Kranz stecken. Die Lücken mit den grünen Dahlien-Knospen ausfüllen, die ebenfalls kurz abgeschnitten in den Kranz gesteckt werden. Den umwickelten Kranz mit den Dahlien in die passende Schüssel, z. B. eine Emailwanne, legen. Langsam Wasser einfüllen, bis der Kranz quasi schwimmt. In die Mitte den Steck-Igel platzieren. Die 2 Iris-Blätter, das Schilfgras, den Schachtelhalm und die Wilde Möhre einstecken.

KW 28

**8**
Montag

**9**
Dienstag

**10**
Mittwoch

**11**
Donnerstag

**12**
Freitag

**13**
Samstag

**14**
Sonntag

# KW 29

**15**
Montag

---

**16**
Dienstag

---

**17**
Mittwoch

---

**18**
Donnerstag

---

**19**
Freitag

---

**20**
Samstag

---

**21**
Sonntag

# Gebratenes Sommergemüse mit Ofen-Aubergine

von Andreas Schweiger

**Zubereitungszeit: 1 Stunde**
**Für 4 Portionen**

**Für die Auberginen**
- *4 Auberginen, klein bis mittel*
- *etwas Salz*
- *6 EL Olivenöl*

**Für die Soße**
- *½ Salatgurke*
- *4 Stiele Petersilie*
- *1 Knoblauchzehe*
- *1 Bio-Zitrone*
- *500 g Joghurt, griechischer Art*
- *2 EL Tahin (Sesammus aus dem Glas)*
- *etwas Salz*
- *etwas Pfeffer*

**Für das Sommergemüse**
- *12 Kirschtomaten*
- *1 Zucchini*
- *2 Spitzpaprika*
- *1 Zwiebel*
- *1 Knoblauchzehe*
- *2 EL Olivenöl*
- *etwas Salz*
- *etwas Pfeffer*

**Außerdem**
- *100 g Blaubeeren*

1 Backofen auf 180 Grad (Umluft) vorheizen.

2 Auberginen waschen, putzen und der Länge nach halbieren. Das Fruchtfleisch mit einem kleinen scharfen Messer kreuzweise einritzen und leicht salzen.

3 Auberginenhälften auf ein mit Backpapier belegtes Backblech legen oder in einer großen, flachen Auflaufform verteilen. Im heißen Backofen ca. 40 Minuten garen.

4 Gurke waschen, gegebenenfalls schälen und ohne Kerne in sehr feine Würfel schneiden.

5 Petersilie waschen, trocken schütteln und fein schneiden.

6 Knoblauch abziehen und fein reiben oder durch eine Knoblauchpresse drücken.

7 Zitrone heiß waschen, trocken reiben und etwas Schale fein abreiben. Die Zitronenhälfte auspressen.

8 Joghurt mit etwas Zitronensaft und -schale, Knoblauch, Sesammus, Salz und Pfeffer verrühren. Gurke und Petersilie unterrühren. Soße abschmecken.

9 Die Blaubeeren waschen, abtropfen lassen und halbieren.

10 Das Gemüse waschen und putzen. Kirschtomaten halbieren. Zucchini um das Kerngehäuse herum in Würfel schneiden. Paprika halbieren, Kerne entfernen und in 1 cm große Stücke schneiden.

**11** Zwiebel und Knoblauch schälen und in Würfel schneiden.

**12** Olivenöl in einer großen Pfanne erhitzen. Zwiebel, Knoblauch und Paprika darin etwa 1 Minute anbraten. Dann die Kirschtomaten zugeben. Mit Salz und Pfeffer würzen.

**13** Zum Schluss Zucchini untermischen und alles noch einmal unter Schwenken kräftig erhitzen.

**14** Die Auberginenhälften aus dem Backofen nehmen, mit den Schnittflächen nach oben auf Teller verteilen. Das Olivenöl darüber träufeln und mit Sommergemüse, Blaubeeren und Joghurt-Tahinsoße anrichten.

# Getränkedeckel aus Bügelperlen

*von Stefanie Renk*

**Bzzzzzzzzz, und schon ist wieder eine Wespe oder Fliege im Getränk gelandet. Das können Sie mit diesen fruchtigen Getränkedeckeln verhindern.**

**So geht's**

Bügelperlen auf einer runden Scheibe dem Querschnitt des gewünschten Obstes entsprechend anordnen. Dabei eine Öffnung für den Strohhalm lassen. Bügeleisen vorheizen, Backpapier auf die fertige Vorlage legen und circa 30 Sekunden darüber bügeln. Durch das Backpapier kann man gut erkennen, ob die Perlen bereits miteinander verschmolzen sind. Um sich zu vergewissern, kann man auch kurz nachschauen, da das Backpapier nicht an den warmen Bügelperlen kleben bleibt.

# Heimische Heilpflanzen

**Immer mehr Menschen nutzen Wild- und Heilkräuter in ihrer Hausapotheke. Pflanzen Sie die Kräuter selbst an, dann können Sie sie unbesorgt verarbeiten.**

Die Brennnessel mag stickstoffreiche, halbschattige, lehmige und feuchte Standorte. Sie wirkt u. a. harntreibend, entwässernd, entgiftend, blutreinigend, entzündungshemmend und bei rheumatischen Beschwerden. Mädesüß mag es feucht und halbschattig und hat u. a. eine fiebersenkende, schmerzlindernde, entzündungshemmende und schweißtreibende Wirkung. Schafgarbe braucht einen sonnigen und mäßig trockenen Standort sowie aufgelockerten Boden, gerne mit ein wenig Sand vermischt. Die Wirkung ist u. a. antibakteriell, antiviral, verdauungsfördernd, krampflösend und entzündungshemmend. Spitzwegerich hat gerne einen sonnigen bis halbschattigen, mäßig feuchten Platz und braucht aufgrund der langen Wurzeln einen hohen Topf. Er wirkt antibakteriell, entzündungshemmend und hustenlösend.

# KW 30

**22**
Montag

**23**
Dienstag

**24**
Mittwoch

**25**
Donnerstag

**26**
Freitag

**27**
Samstag

**28**
Sonntag

*Der Sommer, der vergeht, ist wie ein Freund, der uns Lebewohl sagt.*

Victor Hugo (1802–1885)

**Diesen Monat:**

- Erdbeeren jetzt pflanzen
- Hortensien-Gesteck
- Wiesenblumen mit getrockneten Gräsern
- Sommer-Törtchen ohne Backen
- Parmesan-Schnitzel
- Heidelbeer-Joghurt-Dessert
- Versteckte Dickmacher und gesunde Sattmacher
- Natürlicher Insektenschutz
- Saisonales Obst und Gemüse

# August

KW 31

**29**
Montag

**30**
Dienstag

**31**
Mittwoch

**1**
Donnerstag

**2**
Freitag

**3**
Samstag

**4**
Sonntag

# Sommer-Törtchen ohne Backen

## von Fatmanur Kilic

**Zubereitungszeit:**
**1 Stunde**
**Für 6 Portionen**

- *100 g Butterkekse*
- *100 g Butter*
- *380 ml Milch*
- *75 g Zucker*
- *2 TL Vanillepaste*
- *1 Pck. Vanillepuddingpulver*
- *250 g Schmand*
- *700 g Beeren nach Wahl*
- *1 Pck. Tortenguss, rot*
- *6 Dessertringe, Ø 8 cm (oder Dessertschälchen)*

1 Kekse zerkleinern. Butter in einem Topf schmelzen. Butter und Kekse mischen, in die Dessertringe drücken und kurz kaltstellen.

2 Aus Milch, Zucker, Puddingpulver und Vanillepaste einen Pudding kochen. Hinterher direkt den Schmand in den Pudding rühren.

3 Die Füllung in die Dessertringe füllen, glattstreichen und zur Seite stellen.

4 Beeren waschen, halbieren oder vierteln und die Törtchen belegen.

5 Tortenguss nach Anleitung kochen und die Törtchen damit bestreichen.

6 Törtchen 1–2 Stunden kaltstellen.

# KW 32

**5**
Montag

**6**
Dienstag

**7**
Mittwoch

**8**
Donnerstag

**9**
Freitag

**10**
Samstag

**11**
Sonntag

August

## Hortensien-Gesteck
*von Holger Schweizer*

**Eine der beliebtesten Gartenblumen ist die Hortensie! In diesem sommerlichen Gesteck mit ausgefallener Steckhilfe wird sie wunderschön in Szene gesetzt.**

### So geht's
Ein Tablett mit Wasser füllen und einen Geschirrständer oder Tellerhalter hineinsetzen. 2 Hortensien kürzen und auf das Gestell setzen. Die Blätter unten anlegen. Kosmee, Phlox, Zinnie, Kugelamarant und Rainfarn anschneiden und dazwischen stecken. Achten Sie darauf, dass alle Stielenden im Wasser stehen.

## Wiesenblumen mit getrockneten Gräsern
*von Holger Schweizer*

**Wie ein Spaziergang durch eine spätsommerliche Blumenwiese! Diese Kombination aus getrockneten Gräsern und den jetzt blühenden Wiesenblumen setzt kontrastreiche Akzente.**

### So geht's
Hutschachtel mit Trockensteckmasse oder Frischsteckmasse befüllen. In der Mitte mit einem kleineren Glasgefäß einen Zylinder ausstechen. Das kleinere Glasgefäß mit eingeweichter Frischsteckmasse füllen und in die Hutschachtel stellen. Wiesengräser rund herum in die Steckmasse stecken, vorne eine Lücke lassen. Alles dünn mit Sand bedecken. Frische Blumen (Mutterkraut, Wilde Möhre, Staudensonnenblume, Scabiose und Brombeerzweig) in die Steckmasse stecken. Darauf achten, dass alles gerade eingesteckt wird.

# KW 33

12
Montag

13
Dienstag

14
Mittwoch

15
Donnerstag

Mariä Himmelfahrt

16
Freitag

17
Samstag

18
Sonntag

# Parmesan-Schnitzel

von Rainer Klutsch

**Zubereitungszeit:**
**34 Minuten**
**Für 4 Portionen**

**Für das Gemüse**
- *4 Paprikaschoten, rot und gelb*
- *200 g Kirschtomaten*
- *2 Zwiebeln*
- *1 Knoblauchzehe*
- *1 Stiel Rosmarin*
- *2 Stiele Zitronenthymian*
- *2 EL Olivenöl*
- *etwas Paprikapulver, edelsüß*
- *1 Bio-Zitrone, Saft und etwas abgeriebene Schale*
- *75 ml Gemüsebrühe*
- *1 TL Honig*
- *etwas Salz*
- *etwas Pfeffer*

**Für die Schnitzel**
- *4 Schweineschnitzel, à ca. 120 g*
- *etwas Salz*
- *etwas Pfeffer*
- *80 g Parmesan oder Pecorino*
- *2 Eier, Größe M*
- *100 g Mehl*
- *200 ml Milch oder Sahne*
- *200 g Semmelbrösel oder Pankomehl*
- *200 g Butterschmalz oder Pflanzenöl*

1 Paprikaschoten putzen, waschen, vierteln, entkernen und in ca. 2 cm große Stücke schneiden.

2 Tomaten waschen, trocken reiben und halbieren.

3 Zwiebeln und Knoblauch abziehen und fein würfeln.

4 Kräuter waschen, trockenschütteln, Rosmarinnadeln und Thymianblättchen von den Stielen zupfen und fein schneiden.

5 Öl in einer Pfanne erhitzen. Zwiebeln und Knoblauch darin andünsten. Paprika zugeben und alles ca. 3 Minuten dünsten.

6 Thymian, Rosmarin, Paprikapulver, Zitronensaft und -schale, Brühe und Honig unterrühren.

7 Mit Salz und Pfeffer würzen. Alles ca. 20–25 Minuten schmoren.

8 Die Schnitzel trocken tupfen, plattieren und mit Salz und Pfeffer würzen.

9 Parmesan fein reiben und mit Eiern, Mehl und Milch zu einem zähflüssigen Teig verrühren.

10 Die Schnitzel durch den Teig ziehen und etwas abtropfen lassen.

11 Semmelbrösel auf einen Teller geben. Schnitzel darin wenden und überschüssige Panade sacht abklopfen.

12 Butterschmalz oder Öl in einer tiefen Pfanne erhitzen. Die Schnitzel darin von beiden Seiten ca. 5–6 Minuten goldbraun ausbacken.

13 Paprikagemüse nochmals abschmecken. Die Tomatenhälften in das Paprikagemüse geben und kurz ziehen lassen. Mit den Schnitzeln anrichten und servieren.

**Tipp:** Die gesündere Alternative zu den Semmelbröseln sind zartschmelzende Haferflocken.

# Heidelbeer-Joghurt-Dessert

*von Sarah Gierig*

**Zubereitungszeit:**
**30 Minuten**
**Für 4 Portionen**

- *½ Bio-Zitrone*
- *250 g Heidelbeeren, frisch oder tiefgekühlt*
- *3 EL Honig*
- *125 g Magerquark*
- *250 g Sahnejoghurt, griechischer Art*
- *4 TL Kokosflocken*

1 Zitrone heiß waschen, trocken tupfen und Schale fein abreiben. Saft auspressen. Heidelbeeren verlesen und waschen.

2 In einem Topf 50 ml Wasser, Zitronensaft und 2 EL Honig aufkochen. Heidelbeeren einrühren und bei mittlerer Hitze 3–4 Minuten köcheln. Vom Herd nehmen und abkühlen lassen.

3 Magerquark, Joghurt, 1 EL Honig und Zitronenabrieb glatt verrühren, eventuell 1 EL Wasser unterrühren, damit die Konsistenz cremiger wird.

4 Kokosflocken, Beeren und Quark-Joghurt-Creme abwechselnd in vier Gläser (à ca. 250 ml) füllen und mindestens 30 Minuten kalt stellen.

# KW 34

19
Montag

20
Dienstag

21
Mittwoch

22
Donnerstag

23
Freitag

24
Samstag

25
Sonntag

## Versteckte Dickmacher und gesunde Sattmacher

**Wer sich nicht wohl in seinem Körper fühlt, würde oft gerne ein paar Kilo abnehmen. Da hilft es zu wissen, welche Alltagsprodukte versteckte Fettfallen sind und welches Essen uns lange satt hält.**

Müslis und Fertigsoßen enthalten oft sehr viel Zucker. Toastbrot ist lecker, aber sehr ballaststoffarm. Die Energie, die unser Körper aus dem Toastbrot zieht, geht schnell ins Blut über, führt zu viel Insulin und damit zu Fetteinlagerungen. Wer abnehmen oder weniger essen möchte, sollte zu Lebensmitteln greifen, die lange satt machen. Zum Beispiel: Nüsse stellen eine komplette Mahlzeit dar. Sie machen satt, sind kohlenhydratarm und enthalten viele gute Fette, sattmachendes Eiweiß sowie einiges an Ballaststoffen. Super sind Mandeln, Pistazien, Walnüsse oder Haselnüsse. Olivenöl hat viele sekundäre Pflanzenstoffe, die sättigen. Melone und Tomatensaft sind sättigende Lebensmittel.

## Erdbeeren jetzt pflanzen *von Heike Boomgaarden*

Damit Sie nächstes Jahr eine große Erdbeerernte bekommen, müssen Sie jetzt pflanzen! Sehr gut und seit langem bewährt haben sich Sorten wie Polka, Senga-Sengana oder Honeoye. Nach einer alten Gärtnerregel will die Erdbeere den Himmel sehen, deshalb darf sie nur zu einem Drittel mit Erde bedeckt sein. Zur Verminderung der Ausbreitung bodenbürtiger Krankheiten wie Rote Wurzelfäule oder Rhizomfäule sollte ein regelmäßiger Flächenwechsel vorgenommen werden. Bei der Düngung kann man nach folgender Faustregel gehen: 1/3 des Nährstoffbedarfes zur Pflanzung, 1/3 zum Vegetationsbeginn im folgenden Jahr und 1/3 zur Blüte. Direkt nach dem Pflanzen mit 0,5–1 l pro Pflanze angießen, danach regelmäßig weiter wässern.

## Natürlicher Insektenschutz *von Melanie Wenzel*

**Mit diesem Öl können Sie sich gegen Mücken, Zecken und andere Insekten schützen und den Sommer im Freien genießen.**

**So geht's**

Füllen sie 100 g Kokosöl in ein Einmachglas und stellen Sie es in ein Wasserbad. Sobald das Kokosöl flüssig geworden ist, nehmen Sie das Glas heraus, geben Sie 3 g Neemöl (2 %) und 25 Tropfen ätherisches Lavendelöl dazu und rühren alles kräftig um. Testen Sie das Öl vor der Benutzung auf Verträglichkeit an einer Stelle in der Armbeuge. Nicht für Kinder unter 3 Jahren geeignet.

Für den Schutz gegen Zecken statt des Neeöls Schwarzkümmelöl verwenden.

Für eine Duftlampe jeweils 3 Tropfen Lavendelöl, Pfefferminzöl, Eukalyptusöl und Citronellaöl in die Duftlampe geben.

## Saisonales Obst und Gemüse

**Jetzt haben viele Obst- und Gemüsesorten Saison. Wer es ganz genau wissen will, sollte sich am besten einen Saisonkalender zulegen.**

Tomaten schmecken frisch und vollreif geerntet am besten. Je kleiner, desto süßer! Die Gartengurken mit den Knubbeln auf der Schale sind meist einheimisch und schmecken aromatischer. Kohlrabi ist reich an Vitaminen, sekundären Pflanzenstoffen und Mineralstoffen. Probieren Sie einen Salat aus jungen Kohlrabiblättern. Bohnen enthalten sehr viel Ballaststoffe, Eiweiß, Antioxidantien und Folsäure. Das ist gut für die Darmgesundheit und den Cholsterinspiegel. Zucchini kann roh oder gegart gegessen werden. Am besten schmecken kleine Exemplare von etwa 20 cm. Aprikosen sind gut bekömmlich, weil sie wenig Fruchtsäure enthalten und eignen sich gut für Chutneys. Brombeeren enthalten das meiste Betacarotin aller Beeren.

*Der Herbst ist ein zweiter Frühling, in dem jedes Blatt eine Blume ist.*

Albert Camus (1913 – 1960)

**Diesen Monat:**

- Sternenhimmel als Wandbild
- Bunte Blumentüte mit Sonnenblumen
- Deo selbst gemacht
- Schimmel auf dem Essen: Noch gut oder weg?
- Gebratene Zucchini mit Mandelsoße
- Pilzcremesuppe mit Spitzkohlroulade
- Birnen-Schokoladen-Tarte rustique

# September

KW 35

26
Montag

27
Dienstag

28
Mittwoch

29
Donnerstag

30
Freitag

31
Samstag

1
Sonntag

# Gebratene Zucchini mit Mandelsoße

von Jacqueline Amirfallah

**Zubereitungszeit:**
**45 Minuten**
**Für 4 Portionen**

**Für die Soße**
- *200 g Mandeln*
- *2 EL Sonnenblumenöl*
- *20 g Maisstärke*
- *500 ml Haferdrink*
- *etwas Salz*
- *2 Zweige Thymian*
- *1 Knoblauchzehe*

**Für den Reis**
- *etwas Salz*
- *250 g Basmatireis*
- *2 EL Sonnenblumenöl*
- *50 g getrocknete Berberitzen (ersatzweise Cranberries)*

**Für das Gemüse**
- *3 grüne Zucchini, mittelgroß*
- *2 gelbe Zucchini, mittelgroß*
- *2 rote Zwiebeln*
- *2 Stängel Salbei*
- *3 Zweige Thymian*
- *2 EL Olivenöl*
- *etwas Salz*

1 Mandeln in einer Pfanne ohne Fett rösten, erkalten lassen und fein zermahlen.

2 Für den Reis in einem Topf ca. 3 l Wasser zum Kochen bringen und salzen.

3 Reis gründlich waschen, in das kochende Wasser geben und umrühren. Reis ungefähr 7 Minuten kochen, dann in ein Sieb abschütten und unter fließendem Wasser gründlich abspülen.

4 Zucchini waschen, putzen und in Stücke schneiden. Wenn die Zucchini viele Kerne haben, diese einfach wegschneiden.

5 Zwiebeln schälen und in feine Ringe schneiden.

6 Salbei und Thymian abbrausen, trocken schütteln, die Blätter abzupfen und fein schneiden.

7 Sonnenblumenöl in einem Topf erhitzen. Den abgetropften Reis in den Topf geben. Die Temperatur auf kleine Stufe reduzieren, einen Deckel auf den Topf legen und den Reis bei sehr niedriger Temperatur ca. 15–20 Minuten gar dämpfen.

8 In einer Pfanne Olivenöl erhitzen und die Zucchinistücke darin anbraten und salzen. Dann Salbei und Thymian zugeben und zuletzt die Zwiebelringe mitbraten.

9 Sonnenblumenöl in einem Topf erhitzen und darin die Maisstärke anschwitzen. Mit dem Haferdrink ablöschen und gut umrühren. Mit Salz würzen und die abgebrausten Thymianzweige sowie eine angedrückte Knoblauchzehe zugeben. Alles aufkochen und ca. 5 Minuten ziehen lassen.

10 Die Thymianzweige und die Knoblauchzehe herausnehmen. Die gerösteten, gemahlenen Mandeln zugeben und die Soße abschmecken.

11 Unter den Reis die Berberitzen mischen. Den Reis mit den gebratenen Zucchini auf die Teller geben, die Soße angießen und genießen.

## Deo selbst gemacht *von Melanie Wenzel*

**Viele Menschen suchen eine Alternative zu aluminiumhaltigen Deodorants. Wenn Sie genau wissen möchten, was drin ist, empfehlen wir Selbstmachen!**

So geht's

Ein Deo zum Einreiben können Sie einfach selbst herstellen. Geben Sie dazu 50 g Kokosöl in Bioqualität in einen kleinen Topf und lassen sie es bei geringer Wärmezufuhr auf dem Herd schmelzen.

35 g Natron zugeben und mit einem kleinen Schneebesen kräftig verrühren. 50 g Maisstärke in Bioqualität kräftig einrühren, bis alles klümpchenfrei ist. Die warme Masse in ein mit kochendem Wasser ausgespültes Cremedöschen abfüllen. Das Töpfchen 24 Stunden ruhen lassen, dann ist es einsatzbereit!

Sie können mit einem Spatel eine kirschgroße Menge entnehmen, zwischen den Fingern kurz erwärmen, damit es flüssiger wird, und in die Achselhöhlen auftragen. Das Deo hält sich 4–6 Monate.

## Bunte Blumentüte mit Sonnenblumen *von Holger Schweizer*

**Aus wenigen, aber großen spätsommerlichen Blüten lässt sich ein wunderbar üppiger Strauß binden.**

So geht's

Lilien, Chrysanthemen, Hortensie und Sonnenblumen Kopf an Kopf aneinanderlegen und mit Schmuckdraht locker binden. Getrocknete Gräser auffächern und damit die Blumen umwickeln. Alles mit Draht umwickeln und überstehende Gräser kürzen. Stiele mit Filz und Kordel ummanteln.

# KW 36

2
Montag

3
Dienstag

4
Mittwoch

5
Donnerstag

6
Freitag

7
Samstag

8
Sonntag

KW 37

9
Montag

10
Dienstag

11
Mittwoch

12
Donnerstag

13
Freitag

14
Samstag

15
Sonntag

# KW 38

16
Montag

17
Dienstag

18
Mittwoch

19
Donnerstag

20
Freitag

21
Samstag

Herbstanfang

22
Sonntag

# Pilzcremesuppe mit Spitzkohlroulade

von Kevin von Holt

**Zubereitungszeit:**
**1 Stunde**
**Für 4 Portionen**

### Für die Spitzkohlroulade

- *4 Spitzkohlblätter, groß*
- *etwas Salz*
- *4 Stängel Petersilie, glatt*
- *150 g Knödelbrot (Weißbrot vom Vortag)*
- *80 ml Milch*
- *2 Eiweiße*
- *etwas Pfeffer aus der Mühle*
- *etwas Muskatnuss*

### Für die Suppe

- *350 g Speisepilze der Saison, gemischt*
- *1 Schalotte*
- *1 EL Butter*
- *800 ml Hühnerbrühe oder Gemüsebrühe*
- *2 Eigelb*
- *200 g Sahne*
- *etwas Salz*
- *etwas Pfeffer aus der Mühle*

1 Spitzkohlblätter in einem Topf mit kochendem Salzwasser kurz blanchieren, herausnehmen und auf einem Geschirrtuch abtropfen lassen.

2 Petersilie abbrausen, trocken schütteln, die Blätter abzupfen und fein schneiden.

3 Das in Würfel geschnittene Knödelbrot in eine Schüssel geben. Milch, Eiweiß und die Hälfte der fein geschnittenen Petersilie hinzufügen. Die Masse mit Salz, Pfeffer und Muskatnuss würzen, gut verrühren und 10 Minuten ziehen lassen.

4 Pilze putzen und in dünne Scheiben schneiden. Schalotte schälen und fein würfeln. In einem Topf die Butter erhitzen und die gewürfelte Schalotte darin anschwitzen. Pilze zugeben und mitandünsten. Hühnerbrühe angießen und aufkochen lassen. Herd abschalten und Pilze noch ca. 10 Minuten ziehen lassen.

5 Spitzkohlblätter auf Klarsichtfolie auslegen, mit der Knödelmasse befüllen und mithilfe der Folie straff einrollen.

6 Rouladen auf einen Dämpfeinsatz geben. In einem passenden Topf etwas leicht gesalzenes Wasser aufkochen, den Dämpfeinsatz auf den Topf geben und die Rouladen zugedeckt etwa 6 Minuten dämpfen. Nach Belieben die Spitzkohlrouladen in Scheiben schneiden und in einer Pfanne mit etwas Butter von beiden Seiten goldbraun braten.

7 Eigelbe mit der Sahne verquirlen und mit Salz und Pfeffer leicht würzen.

8 Den Suppenansatz erneut aufkochen, dann vom Herd ziehen und die Ei-Sahne-Mischung in die nicht mehr kochende Suppe rühren und bis knapp unter den Siedepunkt erhitzen, bis die Suppe eine leichte Bindung erhält. Die Suppe darf nicht mehr kochen, sonst gerinnt das Ei.

9 Suppe in einem Standmixer aufmixen und abschmecken.

10 Spitzkohlroulade auf die Teller geben, die Schaumsuppe vorsichtig dazugeben und mit gehackter Petersilie garnieren.

# Schimmel auf dem Essen: Noch gut oder weg?

Schimmelpilze auf Lebensmitteln produzieren Gifte, sogenannte Mykotoxine. Die können Vergiftungssymptome wie Erbrechen oder Durchfall hervorrufen. Außerdem belasten sie die Entgiftungsorgane Leber und Niere, schwächen das Immunsystem und können auf Dauer krebserregend und erbgutschädigend wirken. Daher sollten Sie verschimmelte Lebensmittel immer entsorgen und nicht mehr verzehren.

Schimmel fühlt sich in feuchter, schlecht durchlüfteter und warmer Umgebung am wohlsten! Deshalb Lebensmittel (vor allem Gemüse) sauber lagern, von Dreck und Erdrückständen befreien, auf eine trockene Lagerung (im Kühlschrank) achten und ausreichend Luft an die Lebensmittel lassen (z. B. Plastikverpackungen öffnen).

# Sternenhimmel als Wandbild

*von Lisa Vöhringer*

**Zaubern Sie sich den Nachthimmel auf eine Leinwand!**

## So geht's

Leinwand mit schwarzer Acrylfarbe anmalen und trocknen lassen. Ein Sternbild aussuchen. Entweder eine Vorlage erstellen, auf die Leinwand legen und übertragen oder Freihand mit einer dicken Nadel ein Loch für jeden Stern in die Leinwand stechen. Jeden Nadelpunkt mit einem weißen Filzstiftkreis anmalen und die Punkte mit feinen Linien verbinden. Nach Belieben weitere Sterne aufmalen, die kein Leuchtelement bekommen. Vergrößern Sie gegebenenfalls die Löcher. Stecken Sie je ein LED der Lichterkette (am besten warmweiß, mit Timer oder Fernbedienung) durch jedes Loch, kleben Sie das Kabel mit Klebeband und die Batteriebox mit etwas Flüssigkleber auf die Rückseite der Leinwand. Achten Sie darauf, dass sich die Box noch öffnen lässt.

# KW 39

23
Montag

24
Dienstag

25
Mittwoch

26
Donnerstag

27
Freitag

28
Samstag

29
Sonntag

September

# Birnen-Schokoladen-Tarte rustique

von Cynthia Barcomi

**Zubereitungszeit: 3 Stunden**
**Für 1 Tarte**

**Für den Teig**
- *100 g Butter, kalt*
- *½ Bio-Zitrone*
- *160 g Weizenmehl, Type 405 (oder Dinkelmehl, Type 630)*
- *1 TL Zucker*
- *¼ TL Salz*
- *60 ml Wasser, eiskalt*

**Für die Füllung**
- *30 g Haselnüsse, gehobelt*
- *100 g Zartbitterschokolade*
- *1 Ei*
- *2 EL Sahne*
- *1 große Birne (oder 2 kleinere)*
- *3 EL Rohrzucker*

Tarte rustique – der neuste Trend aus Frankreich: Ganz einfach und ohne Kuchenform gebacken!

1 Butter in kleine Würfel schneiden und 15 Minuten kaltstellen.

2 Zitrone heiß abwaschen, abtrocknen, etwas Schale abreiben und 2 TL Saft auspressen.

3 Mehl, Zucker und Salz vermengen. Mit den Fingerspitzen die kalte Butter grob einarbeiten. Kaltes Wasser, Zitronensaft und Zitronenabrieb hinzufügen und mit einer Gabel verrühren, bis gerade so ein Teig entsteht.

4 Teig auf einer leicht bemehlten Arbeitsfläche zügig zu einer Scheibe formen, in Backpapier einwickeln und für 2 Stunden kaltstellen.

5 Haselnüsse in einer Pfanne ohne Fett kurz anrösten und auf einem Küchenpapier auskühlen lassen.

6 Zartbitterschokolade grob hacken.

7 In einer Schüssel Ei und Sahne verquirlen.

8 Birne waschen, abtrocknen, vierteln und das Kerngehäuse entfernen. Birnenviertel längs halbieren. Die entstandenen Spalten erneut längs halbieren.

9 Ofen auf 195 Grad (Unterhitze oder Umluft) vorheizen. Backblech mit Backpapier auslegen.

10 Auf einer leicht bemehlten Arbeitsfläche den gekühlten Teig 5 mm dick, zu einer großen Scheibe (ca. 30 cm Durchmesser) ausrollen und auf das Backblech legen.

11 Teig mit der Hälfte der Eimischung bestreichen und mit 2 EL Rohrzucker bestreuen.

12 Birnenspalten wie Ziffern einer Uhr auf dem Teig verteilen. Haselnüsse und Schokolade darüber verteilen und mit restlichem Rohrzucker bestreuen.

13 Teigrand anheben, im Abstand von ca. 10 cm zu einem vertikalen Saum zusammendrücken, locker über die Füllung legen und mit der übrigen Eimischung einstreichen.

14 Im heißen Backofen die Tarte ca. 25–28 Minuten goldbraun backen.

# Gefühlstagebuch

Malen Sie jeden Tag eine Form passend zu Ihrer Stimmung aus.

Am Ende jedes Vierteljahres können Sie dann ablesen, wie Ihre Gefühlslage war.

## Juli

## August

| | | | |
|---|---|---|---|
| glücklich | müde | motiviert | antriebslos |
| entspannt | traurig | dankbar | nachdenklich |

## September

# Rückblick auf die letzten Monate

In diesem Moment habe ich meine Komfortzone verlassen:

Hierfür bin ich dankbar:

Die schönste Erinnerung:

Darüber habe ich zu viel nachgedacht:

*Das Leben ist wie ein Cocktail*
*Mal erfrischend süß,*
*mal herzhaft bitter.*
*Im Ganzen jedoch*
*genießenswert.*

Sinan Gönül (*1973)

Diesen Monat:

Bunter Herbst-Strauß

Herbstlicher Türkranz

»Foodboard« aus einem Küchenbrett

Teebeutel selbst machen

Kürbis-Kartoffel-Waffeln

Hack-Pfanne mit griechischen Nudeln

Kürbis-Zimtschnecke

Schnelle Apfel-Quark-Taschen

# Oktober

KW 40

**30**
Montag

**1**
Dienstag

**2**
Mittwoch

**3**
Donnerstag
Tag der Deutschen Einheit

**4**
Freitag

**5**
Samstag

**6**
Sonntag
Erntedankfest

# Kürbis-Kartoffel-Waffeln

*von Kevin von Holt*

**Zubereitungszeit:**
**1 Stunde**
**Für 4 Portionen**

**Für die Kürbis-Kartoffel-Waffeln**
- *400 g Hokkaidokürbis*
- *400 g Kartoffeln*
- *½ Bund Schnittlauch*
- *100 g Bergkäse*
- *2 Eier, Größe M*
- *1 EL Mehl*
- *etwas Salz*
- *etwas Pfeffer*
- *etwas Muskat, frisch gerieben*

**Für den Mangold**
- *1 Bund bunter Mangold, ca. 800 g*
- *2 Schalotten*
- *1 Knoblauchzehe*
- *2 EL Olivenöl*
- *etwas Salz*
- *etwas Pfeffer aus der Mühle*
- *2 EL Balsamico*
- *12 Kirschtomaten*

1 Kürbis putzen, waschen und fein raspeln. Kartoffeln schälen, waschen und fein raspeln. Schnittlauch abbrausen, trocken schütteln und fein schneiden. Den Käse fein reiben. Die Kartoffel- und Kürbisraspel in einer Rührschüssel mischen. Eier, Schnittlauch, Käse und Mehl zugeben. Alles gründlich vermengen und mit Salz, Pfeffer und Muskat würzen.

2 Den Backofen auf 80 Grad (Ober- und Unterhitze) und ein Waffeleisen vorheizen.

3 Aus der Masse goldbraune Waffeln (ca. 8–10 Minuten Garzeit) backen und im Backofen warmhalten.

4 Mangold waschen, die Blätter von den Stielen trennen und die Stiele in Rauten schneiden. Schalotten und Knoblauch schälen und fein schneiden.

5 In einer Pfanne Olivenöl erhitzen. Schalotten und Knoblauch darin anschwitzen, dann die Mangoldrauten zugeben und 2–3 Minuten braten. Anschließend die grob geschnittenen Blätter dazugeben und mit Salz, Pfeffer und Balsamico würzen.

6 Kürbis-Kartoffel-Waffeln auf vorgewärmten Tellern verteilen und das Mangoldgemüse dazu servieren. Dazu passt ein Klecks Sauerrahm.

KW 41

**7**
Montag

**8**
Dienstag

**9**
Mittwoch

**10**
Donnerstag

**11**
Freitag

**12**
Samstag

**13**
Sonntag

# Hack-Pfanne mit griechischen Nudeln

von Rainer Klutsch

**Zubereitungszeit:**
**30 Minuten**
**Für 4 Portionen**

**Für die Nudelpfanne**
- *1 Zwiebel*
- *1 Knoblauchzehe*
- *1 Zucchini, klein und gelb*
- *2 Spitzpaprika, grün*
- *1 EL Pflanzenöl zum Anbraten*
- *300 g Rinderhackfleisch*
- *½ TL Kreuzkümmel, gemahlen*
- *½ TL Paprikapulver*
- *etwas Salz*
- *etwas Pfeffer aus der Mühle*
- *2 EL Tomatenmark*
- *500 ml Wasser*
- *250 g Risoni oder Kritharaki (griechische Nudeln in Reisform)*

**Für den Dip**
- *½ Bund glatte Petersilie*
- *3 Stängel Minze*
- *½ Bio-Zitrone*
- *200 g Naturjoghurt*
- *etwas Salz*
- *etwas Pfeffer aus der Mühle*

1 Zwiebel und Knoblauch schälen und in feine Würfel schneiden. Zucchini waschen und in kleine Würfel schneiden. Paprika waschen, halbieren, putzen und in Ringe schneiden.

2 In einer Pfanne das Öl erhitzen und das Hackfleisch darin kross und krümelig braun anbraten. Gleich zu Beginn Kreuzkümmel und Paprikapulver hinzufügen, salzen und pfeffern.

3 Zum angebratenen Hackfleisch Zwiebel, Knoblauch, Zucchini und Paprika geben und anbraten.

4 Wenn das Gemüse etwas Farbe angenommen hat, das Tomatenmark unterrühren und das Wasser angießen.

5 Die Nudeln dazugeben und auf kleinster Stufe ca. 10 Minuten ziehen lassen.

6 Petersilie und Minze abbrausen, trockenschütteln, Blätter abnehmen und fein schneiden.

7 Die Zitrone heiß abwaschen, abtrocknen und etwas Schale abreiben.

8 Den Joghurt in eine Schüssel geben, mit Kräutern, Salz, Pfeffer und Zitronenabrieb vermengen und abschmecken.

9 Die Nudelpfanne auf Teller verteilen und den Dip dazu reichen.

KW 42

14
Montag

15
Dienstag

16
Mittwoch

17
Donnerstag

18
Freitag

19
Samstag

Oktober

20
Sonntag

# Kürbis-Zimtschnecke

von Theresa Knipschild

**Zubereitungszeit:**
**½ Stunde**
**Für 12 Stück**

**Für den Teig**

- *300 g Hokkaido-Kürbis, geschält*
- *1 TL Zimt, ½ TL für den Teig und ½ TL für das Püree*
- *570 g Mehl, Type 405 + mehr für die Arbeitsfläche*
- *70 g Zucker*
- *15 g Salz*
- *1 Ei*
- *150 ml Milch*
- *80 g Butter*
- *½ Würfel Hefe*
- *Hagelzucker zum Bestreuen*

**Für die Füllung**

- *150 g Butter*
- *1 TL Zimt*
- *½ TL Ingwer, gemahlen*
- *70 g Zucker, braun*
- *50 g Zucker*

1 Kürbis in Würfel schneiden und mit etwas Wasser und Zimt in einem Topf weichkochen. Flüssigkeit abgießen, mit einer Gabel zerstampfen und etwas abkühlen lassen.

2 Mehl, Zucker, Salz, Ei und lauwarmes Kürbispüree in einer Schüssel vermischen. Milch und Butter in einem Topf lauwarm erwärmen, frische Hefe darin auflösen, in die Schüssel geben und ca. 5 Minuten kneten.

3 Den Teig abgedeckt ca. 1 Stunde an einem warmen Ort gehen lassen, bis sich das Volumen verdoppelt hat.

4 Butter, Zimt, Ingwer, braunen Zucker und Zucker verrühren.

5 Teig auf einer bemehlten Arbeitsfläche zu einem ca. 1 cm dicken Rechteck formen. Falls der Teig zu klebrig ist, mehr Mehl auf Arbeitsfläche und Hände geben. Den Teig mit der Zucker-Buttermischung bestreichen. Dabei den oberen Rand freilassen, sonst quillt beim Aufrollen der Schnecke alles heraus.

6 Straff aufrollen und in 12 dicke Scheiben schneiden. Mit ausreichend Abstand auf zwei mit Backpapier belegte Bleche legen und dabei das Ende der Schnecke unter die Rolle legen. So verlieren sie beim Backen nicht die Form. Mit Hagelzucker bestreuen und 15 Minuten abgedeckt gehen lassen.

7 Den Backofen auf 190 Grad (Umluft) vorheizen und die Zimtschnecken ca. 18–25 Minuten backen. Nach der Hälfte der Backzeit die beiden Backbleche im Ofen tauschen und evtl. drehen, damit die Schnecken gleichmäßig bräunen.

Oktober

## »Foodboard« aus einem Küchenbrett

*von Lisa Vöhringer*

**Speise- oder Haushaltsplan – mit dieser genialen Idee bringen Sie Ordnung in Ihren Alltag.**

**So geht's**

Malen Sie 7 Holzwäscheklammern z. B. mit Kreide- oder Acrylfarbe an. Verzieren Sie die Klammern mit dem gewünschten Schriftzug, z. B. mit einem Permanentmarker. Bemalen Sie die Holzbuchstaben für den Schriftzug. Platzieren Sie nach dem Trocknen alle Elemente auf dem Holzküchenbrett (35 cm x 25 cm) und kleben Sie sie mit Holzleim auf. Beschriften Sie Holzstäbchen mit Ihren Lieblingsgerichten (am besten mit einem Kugelschreiber). Für den Halter der Menüstäbchen benötigen Sie 3 Stücke von kaputten Wäscheklammern. Setzen Sie mit Ihnen einen oben geöffneten Rahmen zusammen und bringen Sie vorne 6 Holzstäbchen mit Leim auf. Für die Einkaufsliste wird eine kleine Klammer mit einer passenden Holzschraube fixiert. Zur Befestigung eines Stiftes können Sie einen Stiftehalter aufkleben oder eine Schnur verwenden.

## Bunter Herbst-Strauß *von Ines Maria Weber*

**Auch der Herbst hat eine bunte Blütenpracht zu bieten. Dieser herbstliche Strauß mit Hortensien, Nelken und Dahlien ist schnell selbst gemacht.**

**So geht's**

Für den Strauß eignen sich Apfelzweige, Kastanienzweige, Hortensien, Chrysanthemen, Liguster, Hagebutten, Nelken, Pasta-Gerbera und Dahlien. Hagebutten von Dornen befreien. Mit einer nicht zu großen Blume beginnen und in die Hand nehmen. Einen Ast leicht versetzt spiralförmig anlegen. Als Mittelpunkt eine große Blüte (Hortensie) anlegen. Weitere Blumen und Äste abwechselnd spiralförmig anlegen und Strauß immer wieder drehen. Strauß nicht zu fest zusammenbinden und Stielenden kürzen.

# KW 43

21
Montag

22
Dienstag

23
Mittwoch

24
Donnerstag

25
Freitag

26
Samstag

27
Sonntag

Oktober

## Herbstlicher Türkranz *von Katrin da Silva*

**Der Herbst ist da und leuchtet so schön in satten Farben. Dieser herbstliche Kranz aus Beeren und Früchten eignet sich perfekt für die Haustür.**

### So geht's

Erika abschneiden und mit der Naturschnur in kleine Sträußchen binden. Die Beerenzweige (Hagebutten, Zieräpfelchen, Physalis) einen nach dem anderen zwischen die Hopfenranken des Kranzes stecken. Erika dazwischen stecken und mit der Schnur dezent umwickeln. Schnur verknoten. Bänder in Farben der Beeren für die Aufhängung befestigen.

## Teebeutel selbst machen *von Katharina Pasternak*

**It's Teatime! Aufgebrüht mit dem eigenen nachhaltigen Teebeutel schmeckt es gleich doppelt so gut.**

**Tipp:** Für die selbstgenähten Teebeutel am besten einen feinmaschigen, aber trotzdem durchlässigen Stoff wie Bio-Baumwolle verwenden.

### So geht's

Aus dem Stoff ein 36 cm x 11,5 cm großes Viereck ausschneiden. Den Rand der langen Seiten um 0,5 cm einschlagen, ggf. abstecken und mit einem geraden Stich abnähen. An den kurzen Seiten einen Tunnelzug nähen: Dazu jeweils den kurzen Rand etwa 1–1,5 cm umschlagen, noch einmal umschlagen und ebenfalls abnähen. Nun den Stoff wie ein Buch zusammenschlagen, d. h. rechte Seite auf rechte Seite legen (die guten Seiten liegen aufeinander). Beide Kanten etwa 1 cm unterhalb des Tunnelzugs zusammennähen. Überstehende Fäden abschneiden und den Beutel wenden. Als Aufhängung zwei Sushi-Stäbchen durch den Tunnelzug schieben – fertig ist der wiederverwendbare Teebeutel!

# Schnelle Apfel-Quark-Taschen

von Fatmanur Kilic

**Zubereitungszeit:**
**45 Minuten**
**Für 5 Stück**

- *2 Äpfel*
- *2 EL Zucker*
- *Mandelblätter (optional)*
- *150 g Speisequark*
- *1 Pck. Vanillezucker*
- *1 Pck. Blätterteig aus dem Kühlfach*
- *etwas Milch*
- *etwas Puderzucker*

1 Äpfel waschen, schälen, in kleine Würfel schneiden und mit Zucker in einer Pfanne andünsten. Die Mandeln unterrühren und alles abkühlen lassen.

2 Speisequark und Vanillezucker in einer Schüssel vermischen.

3 Blätterteig auslegen, zurechtschneiden, so dass man jeweils einen Deckel und einen Boden hat.

4 Auf den Boden zunächst etwas Quark und dann etwas Apfelfüllung geben. Die Ränder mit etwas Milch anfeuchten. Den Deckel einritzen, auf den Boden legen und die Ränder mit einer Gabel fest drücken.

5 Im vorgeheizten Ofen (Ober- und Unterhitze) bei 200 Grad ca. 25 min backen.

6 Sobald die Apfeltaschen ausgekühlt sind, können sie mit Puderzucker bestäubt werden.

*Blumen können nicht blühen ohne die Wärme der Sonne. Menschen können nicht Mensch werden ohne die Wärme der Freundschaft.*

Phil Bosmans (1922–2012)

**Diesen Monat:**

- Kerzen bedrucken
- Gepflanzter Adventskranz
- Erkältung im Keim ersticken
- Buntes Gemüse-Curry mit Nuss-Reis
- Blumenkohl-Couscous mit Hähnchenspießen
- Kokos-Milchreis

# November

KW 44

28
Montag

29
Dienstag

30
Mittwoch

Reformationstag
Halloween

31
Donnerstag

Allerheiligen

1
Freitag

2
Samstag

3
Sonntag

## Kerzen bedrucken

*von Stefanie Renk*

**Schnell, einfach und mit einem tollen Effekt: Mit einer Papier-Serviette lassen sich Kerzen ganz individuell bedrucken. Die verzierten Kerzen eignen sich ideal als Deko-Objekte oder kleine Geschenke.**

### So geht's

Aus einer Papierserviette das gewünschte Motiv ausschneiden. Die obere Papierschicht, auf der die Farbe ist, von den anderen ablösen. Das ausgeschnittene Motiv auf der Kerze platzieren. Die Kerze in Backpapier einwickeln und ca. 5 Minuten auf höchster Stufe föhnen. Die Serviettenschicht hat sich so an die Kerze angeheftet, dass sie sich nicht mehr löst und ein echter Hingucker ist.

# KW 45

**4**
Montag

---

**5**
Dienstag

---

**6**
Mittwoch

---

**7**
Donnerstag

---

**8**
Freitag

---

**9**
Samstag

---

November

**10**
Sonntag

# Buntes Gemüse-Curry mit Nuss-Reis

*von Jörg Sackmann*

**Zubereitungszeit:**
**45 Minuten**
**Für 4 Portionen**

- *1 Schalotte*
- *1 EL Olivenöl*
- *150 g Langkornreis*
- *450 ml Gemüsebrühe*
- *400 g Karotten*
- *1 Zwiebel*
- *1 Peperoni*
- *Ingwer, ca. 3 cm großes Stück, frisch*
- *500 g Brokkoli*
- *2 EL Sonnenblumenöl*
- *2 EL Currypulver*
- *1 TL Currypaste, rot*
- *350 ml Kokosmilch aus der Dose, ungesüßt*
- *½ Bund Lauchzwiebeln*
- *50 g Trauben, hell und kernlos*
- *8 Walnusskernhälften*
- *2 EL Mandelblättchen*
- *etwas Salz und Pfeffer*
- *1 Prise Zucker*

1 Schalotte schälen, würfeln und in Olivenöl anschwitzen. Reis dazugeben und Brühe angießen. Aufkochen und ca. 20 Minuten köcheln lassen. Zwischendurch umrühren.

2 Karotten und Zwiebel schälen und würfeln. Peperoni halbieren, die Kerne ausstreichen und fein hacken. Ingwer schälen und schneiden. Brokkoli putzen, in Röschen teilen, waschen und abtropfen lassen. Stiele schälen und fein schneiden.

3 Sonnenblumenöl erhitzen. Currypulver und -paste zugeben und anrösten. Peperoni, Ingwer und Zwiebel zugeben und anschwitzen. Karotten zugeben, kurz schwenken, mit der Kokosmilch ablöschen und ca. 4 Minuten köcheln lassen.

4 Brokkoli zugeben und 4 Minuten köcheln lassen, bis das Gemüse bissfest gegart ist.

5 Lauchzwiebeln putzen, waschen und in feine Ringe schneiden. Die Trauben waschen, abtropfen lassen und evtl. halbieren.

6 Walnusskerne zerbrechen, mit Mandeln in einer Pfanne ohne Fett rösten.

7 Sobald der Reis gar ist und die gesamte Flüssigkeit aufgenommen hat, Nüsse und Mandeln untermischen und mit Salz und Pfeffer abschmecken. Trauben unter das Curry mischen und mit Salz, Pfeffer und 1 Prise Zucker abschmecken.

8 Curry und Reis anrichten und mit Lauchzwiebelringen bestreut servieren.

# KW 46

**11**
Montag

Sankt Martin

**12**
Dienstag

**13**
Mittwoch

**14**
Donnerstag

**15**
Freitag

**16**
Samstag

**17**
Sonntag

Volkstrauertag

## Gepflanzter Adventskranz *von Anna Rupp*

**Ein Adventskranz muss nicht immer klassisch gebunden sein. Probieren Sie es mit dieser gepflanzten Winterlandschaft in Grüntönen!**

### So geht's

Eine Ringform zum Bepflanzen mit einer Drainage versehen. Tonsplitt einfüllen, damit das Gießwasser aufgenommen und Staunässe vermieden werden kann. 3 kleine Zypressen sowie 1–2 Calocephalus oder Dachwurz-Pflanzen einpflanzen. Hierfür den Wurzelballen etwas auflockern und in den Ring setzen. Die Zwischenräume mit Zweigen (z. B. Thuja), Flechtenzweigen, Beeren (z. B. Skimmia), Eucalyptus und vielem mehr bedecken. Dazu die Stiele am Ende von Blättern befreien und in die Erde stecken. Anschließend die LED-Kerzen in den Kranz stellen und so einbetten, dass sie gut gehalten werden. Damit der Schalter und das Batteriefach erreichbar bleiben, werden sie nicht fixiert. Der Kranz kann noch mit Birkenholzsternen, Baumscheiben oder Figuren verziert werden.

Den Pflanzenring ein- bis zweimal pro Woche gießen. Darauf achten, dass keine Staunässe entsteht. Kranz nicht direkt neben die Heizung stellen, ab und zu feucht ansprühen und nachts in einen kälteren, unbeheizten Raum stellen. So bereitet der bepflanzte Adventskranz lange Freude und kann im neuen Jahr an die Wetterbedingungen im Garten gewöhnt werden.

# KW 47

**18**
Montag

---

**19**
Dienstag

---

Buß- und Bettag

**20**
Mittwoch

---

**21**
Donnerstag

---

**22**
Freitag

---

**23**
Samstag

---

Totensonntag

**24**
Sonntag

November

# Blumenkohl-Couscous mit Hähnchenspießen

*von Tarik Rose*

**Zubereitungszeit: 30 Minuten**
**Für 4 Portionen**

**Für den Blumenkohl**

- *1 Blumenkohl, ca. 1 kg*
- *½ Granatapfel*
- *2 Zwiebeln, rot*
- *2 Knoblauchzehen*
- *10 g Ingwer, frisch*
- *¼ Salzzitrone*
- *1 Bund Koriander*
- *1 Bio-Zitrone*
- *3 EL Olivenöl*
- *20 g Haselnüsse, gehackt*
- *1 ½ TL Ras el-Hanout*
- *2 TL Honig, flüssig*
- *etwas Salz*
- *etwas Pfeffer aus der Mühle*

**Für die Spieße**

- *600 g Hähnchenbrustfilet*
- *3 Zweige Rosmarin*
- *¼ Salzzitrone*
- *2 EL Olivenöl*
- *etwas Salz*

**Außerdem**

- *Schaschlik-Spieße aus Holz*

1 Blumenkohl putzen, waschen, in Röschen teilen und mit einem Messer fein hacken oder im Standmixer zu Couscous ähnlichen Körnern zerkleinern.

2 Die Granatapfelkerne lösen. Zwiebeln und Knoblauch schälen und sehr fein würfeln. Ingwer schälen und fein schneiden. Salzzitrone fein hacken. Koriander abbrausen und trockenschütteln, einige Blätter zum Garnieren beiseitelegen, den Rest samt Stielen grob hacken. Den Saft der Zitrone auspressen.

3 Die Hälfte des Olivenöls in einer Pfanne erhitzen und den Blumenkohl darin bei mittlerer Hitze mit Zwiebeln, Knoblauch, Ingwer und Salzzitrone kurz andünsten.

4 Alles in eine Schüssel füllen. Haselnüsse, Granatapfelkerne, Ras el-Hanout, gehackten Koriander, Zitronensaft, Honig und restliches Olivenöl dazugeben, mit Salz und Pfeffer abschmecken und kurz ziehen lassen.

5 Für die Spieße das Fleisch waschen, trocken tupfen und längs in Streifen schneiden. Die Hähnchenstreifen wie bei Saté-Spießen leicht wellenförmig auf die Spieße stecken.

6 Den Rosmarin waschen, trocken schütteln und die Nadeln abzupfen. Die Salzzitrone fein hacken. Rosmarinnadeln, Salzzitrone und Öl im Standmixer oder im Mörser fein zerkleinern.

7 Die Hähnchenspieße nur leicht salzen. Anschließend in der Grillpfanne bei schwacher Hitze rundum 3–6 Minuten braten.

8 Zum Servieren den Blumenkohl-Couscous umrühren, abschmecken, auf die Teller verteilen und die Hähnchenspieße dazulegen.

9 Hähnchenspieße mit dem Rosmarin-Zitronen-Öl beträufeln und mit dem Koriandergrün garnieren.

# Erkältungen im Keim ersticken

von *Melanie Wenzel*

**Ein Senffußbad hilft gerade bei beginnenden Erkältungen, Zistrosentee stärkt Abwehrkräfte und kann ebenfalls Erkältungsbeschwerden lindern.**

### Senffußbad bei Kopfschmerzen, Migräne und Erkältungskrankheiten

Geben Sie ca. 5 l heißes Wasser (40 Grad), 2 EL schwarzes Senfmehl und 1 EL Essig in eine große Schüssel oder Wanne und rühren Sie um, bis sich das Senfmehl aufgelöst hat. Nehmen Sie ein Fußbad von ca. 10 Minuten. Waschen Sie danach Ihre Füße mit Wasser ab und tragen Sie nach Möglichkeit dicke Socken.

Vorsicht: Suchen Sie ihre Füße vorher nach Verletzungen ab, offene Hautstellen brennen wie Feuer! Da das Fußbad den Kreislauf anregt, ist es nicht für Schwangere und Menschen mit Herz-Kreislauf-Erkrankungen geeignet.

### Zistrosentee zur Stärkung der Abwehrkräfte

Überbrühen Sie 1 TL Zistrosentee mit ca. 250 ml kochendem Wasser und lassen Sie ihn 7–10 Minuten ziehen. Trinken Sie bei Bedarf 2–3 Tassen am Tag für maximal 6 Wochen, dann sollten Sie eine Pause machen.

# Kokos-Milchreis

von Theresa Knipschild

**Zubereitungszeit:**
**40 Minuten**
**Für 6 Portionen**

- *½ Bio-Limette*
- *½ Vanilleschote*
- *300 g Milchreis oder Risottoreis*
- *1 l Kokosdrink*
- *1 Prise Salz*
- *4 Orangen*
- *3 EL Agavendicksaft, Ahornsirup oder Zucker*
- *6 Physalis zur Garnitur*
- *6 Basilikumblätter zur Garnitur*

1 Limette heiß abwaschen und abtrocknen. Mit einem Sparschäler 2 Streifen der Schale abschälen.

2 Vanilleschote der Länge nach halbieren und das Mark auskratzen.

3 Milchreis mit 800 ml Kokosdrink, Salz, Limettenschale, Vanillemark und ausgekratzter Vanilleschote im Topf aufkochen, dabei ab und zu umrühren.

4 Nach dem Aufkochen auf niedriger Hitze und unter gelegentlichem Rühren ca. 20–25 Minuten garkochen. Darauf achten, dass nichts am Topfboden anbrennt.

5 Orangen filetieren: Dafür die obere und untere Rundung mit einem scharfen Messer abschneiden. Die Schale rund abschneiden. Die einzelnen Filets über einer Schüssel herausschneiden und austretenden Saft auffangen. Wenn alle Filets ausgelöst sind, den Saft im Orangenrest gut auspressen.

6 Vanilleschote und Limettenschale aus dem gekochten Reis entfernen. Reis mit Agavendicksaft abschmecken. Wer mag kann mit Limetten- oder Orangensaft abschmecken. Falls der Milchreis zu fest ist, mit restlichem Kokosdrink angleichen.

7 Den Milchreis in einem Dessertglas servieren und mit Orangenfilets, Physalis und Basilikum garnieren.

*Schenken heißt, einem anderen etwas geben, was man am liebsten selbst behalten möchte.*

Selma Lagerlöf (1858–1940)

**Diesen Monat:**

- So wird das Silvesteressen bekömmlicher
- Stressfrei durch die (Vor-)Weihnachtszeit
- Tannenbaum – 6 Tipps für Pflege und Kauf
- Bestickte Sterne aus Modelliermasse
- Wasserperlen
- Teelicht-Botschaften
- Kokosmakronen
- Gewürzkuchen-Cupcakes mit Zimt-Frischkäse-Frosting
- Brotpfanne mit Endiviensalat
- Magische Magenkekse

# Dezember

KW 48

**25**
Montag

**26**
Dienstag

**27**
Mittwoch

**28**
Donnerstag

**29**
Freitag

**30**
Samstag

**1**
Sonntag

1. Advent

**2**
Montag

**3**
Dienstag

**4**
Mittwoch

**5**
Donnerstag

**6**
Freitag
Nikolaus

**7**
Samstag

**8**
Sonntag
2. Advent

# KW 50

**9**
Montag

---

**10**
Dienstag

---

**11**
Mittwoch

---

**12**
Donnerstag

---

**13**
Freitag

---

**14**
Samstag

---

**15**
Sonntag

3. Advent

## Stressfrei durch die (Vor-)Weihnachtszeit

**Geschenke besorgen, die Wohnung aufräumen und den Einkauf für das Festtagsmenü erledigen. In der Weihnachtszeit ist viel zu tun.**
**So kommen Sie entspannter durch die Feiertage:**

1. Es muss nicht immer alles perfekt sein. Halten Sie nicht krampfhaft an alten „Traditionen" fest. Vielleicht sehnt sich auch Ihre Familie nach Ruhe und Entspannung. Und vielleicht wollen Ihre Freunde auch nur „geschenkte" Zeit mit Ihnen verbringen.
2. Überlegen Sie sich ein paar schöne Highlights, die Ihnen guttun. Aber planen Sie auch für sich ganz bewusst eigene Ruheinseln ein. Belohnen Sie sich selbst mit einer Tasse heißer Schokolade oder einem entspannenden Bad.
3. Schenken Sie nach Wunsch und lieber gemeinsame Erlebnisse als Konsumgüter. Tolle Erlebnisse schaffen Erinnerungen, die lange anhalten – und das macht oft glücklicher als Dinge.
4. Warten Sie nicht, bis die Stresswelle über Ihnen zusammenbricht. Setzen Sie Prioritäten. Sprechen Sie in der Familie darüber und teilen Sie sich die Aufgaben auf.
5. Gerade an den Feiertagen kann das Gefühl von Einsamkeit auftreten. Das kann Stress auslösen. Warum werden Sie nicht selbst aktiv und initiieren eine kleine Adventsfeier im Rahmen der Hausgemeinschaft? Oder gehen Sie die Kontaktliste in Ihrem Handy durch und schreiben Sie alten Freunden einfach mal eine kleine Nachricht.

## Bestickte Sterne aus Modelliermasse

von Lisa Tihanyi

**Geschenke werden erst richtig hübsch mit Anhängern. Diese bestickten Sterne verleihen jedem Geschenk eine liebevoll persönliche Note.**

So geht's

Modelliermasse ausrollen und Sterne ausstechen. Löcher in das Motiv stechen. Dabei den Ausstecher noch um das Motiv lassen. An dieser Stelle schon überlegen, wie die Löcher miteinander verbunden werden sollen. Die Sterne in den Ofen schieben und mit farbigem Garn besticken. Die Garnenden auf der Rückseite des Anhängers verknoten. Mit einem Porzellanstift einen weihnachtlichen Gruß in die Mitte des Sternes schreiben.

# Kokosmakronen

von Theresa Knipschild

- *200 g Kokosraspeln*
- *4 Eiweiß*
- *3 Prisen Salz*
- *170 g Puderzucker*

1. Kokosraspeln in einer Pfanne ohne Fett goldgelb anrösten und gut abkühlen lassen.
2. Eiweiß mit Salz steif schlagen und gesiebten Puderzucker einrieseln lassen.
3. Backofen auf 130 Grad (Umluft) vorheizen. Zwei Backbleche mit Backpapier belegen.
4. Kokosraspeln und Eischnee vermischen.
5. Mit zwei Esslöffeln die Makronenmasse auf die Backbleche geben.
6. Makronen im vorgeheizten Ofen ca. 20–25 Minuten backen. Nach der Hälfte der Backzeit, oberes und unteres Blech im Ofen wechseln und ggf. drehen.
7. Gebackene Makronen vom Blech nehmen und abkühlen lassen.

# Gewürzkuchen-Cupcakes mit Zimt-Frischkäse-Frosting

*von Jörg Huber*

**Zubereitungszeit:**
**1 Stunde**
**Für 12 Muffins**

**Für den Gewürzkuchenteig**

- *2 Eier*
- *120 g Zucker*
- *1 Pck. Vanillezucker*
- *100 ml Öl, geschmacksneutral*
- *200 ml Milch*
- *220 g Mehl*
- *1 TL Backpulver*
- *40 g Kakao*
- *1 TL Lebkuchengewürz*
- *1/2 TL Zimt*

**Für das Frosting**

- *250 g Frischkäse, Zimmertemperatur*
- *180 g Butter, Zimmertemperatur*
- *150 g Puderzucker*
- *½ TL Zimt*
- *nach Belieben Zuckerperlen zum Dekorieren*

1 Den Backofen auf 180 Grad (Ober- und Unterhitze) vorheizen. 12 Muffin-Papierförmchen in eine Muffinform stellen.

2 Eier mit Zucker und Vanillezucker schaumig schlagen. Öl und Milch unter langsamem Rühren dazu geben.

3 Mehl, Backpulver, Kakao, Lebkuchengewürz und Zimt in einer separaten Schüssel vermengen, zur Ei-Zucker-Masse geben und kurz unterrühren.

4 Papierförmchen zu 2/3 befüllen und für ca. 20 Minuten backen. Danach die Muffins komplett auskühlen lassen.

5 Butter und Frischkäse 1–2 Stunden vor der Verarbeitung aus der Kühlung holen. Beide Zutaten müssen Zimmertemperatur haben!

6 Butter mit Puderzucker hell-cremig aufschlagen. Frischkäse in 3–4 Portionen unter die Butter-Zucker-Masse rühren. Zum Schluss den Zimt hinzugeben.

7 Die Konsistenz des Frostings sollte wie Margarine sein. Sollte die Masse zu weich zum Aufspritzen sein, einfach noch mal für 15–30 Minuten in den Kühlschrank legen.

8 Das Frosting in einen Spritzbeutel mit Sterntülle füllen und die Muffins damit dekorieren. Nach Belieben mit Zuckerperlen o. ä. verzieren.

KW 51

16
Montag

17
Dienstag

18
Mittwoch

19
Donnerstag

20
Freitag

21
Samstag
Winteranfang

22
Sonntag
4. Advent

# KW 52

23
Montag

---

24
Dienstag

Heiligabend

---

25
Mittwoch

1. Weihnachtsfeiertag

---

26
Donnerstag

2. Weihnachtsfeiertag

---

27
Freitag

---

28
Samstag

---

29
Sonntag

# Brotpfanne mit Endiviensalat

von Rainer Klutsch

**Zubereitungszeit:**
**45 Minuten**
**Für 4 Portionen**

**Für den Salat**

- *1 Endiviensalat*
- *½ Bund Schnittlauch*
- *3 EL Weißweinessig*
- *2 TL Senf, scharf*
- *50 ml Rapsöl*
- *etwas Salz*
- *etwas Pfeffer aus der Mühle, schwarz*
- *1 Prise Zucker*

**Für die Brotpfanne**

- *3 Zwiebeln*
- *1 Bund Petersilie, glatt*
- *4 EL Butterschmalz*
- *1 TL Kümmel*
- *300 g Roggenbrot oder Vollkornbrot*
- *5 Eier*
- *50 g Schlagsahne*
- *etwas Salz*
- *etwas Pfeffer aus der Mühle*
- *150 g Schinken, gekocht*
- *100 g Bergkäse*

1 Salatblätter waschen, gut abtropfen lassen und in feine Streifen schneiden.

2 Zwiebeln schälen und fein schneiden.

3 Petersilie abbrausen, trockenschütteln, Blätter abzupfen und fein schneiden.

4 In einer Pfanne 1 EL Butterschmalz erhitzen und Zwiebeln darin braun rösten. Petersilie und Kümmel dazugeben, Pfanne vom Herd ziehen.

5 Brot in ca. 1 cm dicke Scheiben und dann in etwa 2 cm große Würfel schneiden.

6 In einer Pfanne 1 EL Butterschmalz erhitzen und die Brotwürfel darin ca. 5 Minuten knusprig rösten.

7 Eier aufschlagen und mit der Sahne verquirlen. Zwiebel-Petersilienmischung dazugeben und mit Salz und Pfeffer würzen.

8 Restliches Butterschmalz in die Pfanne mit den Brotwürfeln geben und alles mit der Eiermasse übergießen. Zugedeckt bei kleiner Hitze die Eier ca. 6 Minuten stocken lassen.

9 Schinken klein würfeln. Bergkäse fein reiben.

10 Schinken und Käse über die Brotpfanne streuen und zugedeckt bei schwacher Hitze weitere ca. 6 Minuten garen, bis die Eimasse gestockt ist.

11 Schnittlauch abbrausen, trocken schütteln und fein schneiden.

12 Aus Essig, Senf, Rapsöl, etwas Salz, Pfeffer und einer Prise Zucker ein Dressing rühren. Salat und Dressing mischen.

13 Zum Servieren die Brotpfanne in 4 Portionen teilen und auf Teller geben. Den Salat dazu reichen.

## Wasserperlen – ein Highlight für Cocktails und Desserts von Lisa Vöhringer

**Wie wär's mit einer experimentellen Silvester-Dekoration? Diese Perlen sehen toll aus und schmecken!**

**So geht's**

Messen Sie Ihr Getränk ab (500 ml entsprechen 2,5 g Natriumalginat) und geben Sie es in den Mixer. Mixen Sie das Getränk eine Weile. Das ist vor allem bei Getränken mit Kohlensäure oder Schaumbildung wichtig. Geben Sie nach ein paar Minuten auf niedriger Stufe das Natriumalginat seitlich dazu und mixen Sie weiter. Gießen Sie die Flüssigkeit durch ein feines Sieb in eine Schüssel. Probieren Sie Ihre Lösung und geben Sie bei Bedarf noch Salz oder Zucker hinzu, um den Geschmack zu verstärken und lassen Sie dann alles 15 Minuten ziehen. Geben Sie 1 l Wasser mit 5 g Calciumlactat in eine Schüssel. Verrühren Sie alles mit einem Schneebesen, bis die Lösung ganz klar ist. Ziehen Sie mit einer Pipette oder Spritze die Alginat-Lösung auf und geben Sie ein paar Zentimeter oberhalb der Wasseroberfläche Tropfen in das Calciumlactatbad ab. Fischen Sie die Perlen nach 1 Minute (je länger sie drin bleiben, desto härter werden sie) heraus oder gießen Sie alles durch ein feines Sieb ab. Die Flüssigkeit des Calciumlactatbads auffangen und wieder verwenden. Spülen Sie die Perlen unter kaltem Wasser ab und servieren Sie diese binnen 10–20 Minuten. Sie gelieren mit der Zeit weiter und werden dann auch innen hart.

## Teelicht-Botschaften von Lisa Vöhringer

**Man braucht etwas Geduld, bis sie sichtbar werden, aber das ist ja das Spannende an den kleinen Teelicht-Botschaften.**

**So geht's**

Botschaft auswählen, Motiv ausschneiden und ein Loch in die Mitte stechen. Ziehen Sie das Teelicht am Docht aus der Schale. Je nach Teelicht können Sie unten die Dochtplatte samt Docht oder nur die Platte entfernen. Stecken Sie den Docht durch das Loch im Papier (Motiv nach oben) und anschließend das Wachs wieder obendrauf. Teelichtschale mit Washi-Tape oder Aufklebern verzieren.

# Magische Magenkekse

von Melanie Wenzel

- *125 g Butter*
- *250 g Dinkelflocken, kernig*
- *1 Ei*
- *75 g Zucker*
- *1 EL Galgantpulver*
- *1 EL Dinkelmehl*

1 Schmelzen Sie die Butter in einer Pfanne, geben Sie die Dinkelflocken dazu, rösten Sie sie leicht an und lassen Sie die Mischung erkalten.

2 Das Ei mit dem Zucker und dem Galgant schaumig schlagen und langsam das Mehl und die Butter-Flocken-Mischung unterheben.

3 Mit Teelöffeln kleine Häufchen formen und auf ein Backblech mit Backpapier setzen.

4 Die Plätzchen bei 180 Grad (Ober- und Unterhitze) für ca. 15 Minuten backen.

## So wird das Silvesteressen bekömmlicher!

**Wir verraten Ihnen, was gegen Völlegefühl und einen Kater helfen kann:**

1. Schwarztee, Anis-Fenchel-Kümmel-Tee oder Löwenzahntee helfen gegen das Völlegefühl und regen die Verdauung an.
2. Emmentaler hat einen besonders hohen Calcium-Gehalt und eignet sich hervorragend für Raclette. Weitere gut verträgliche Käsesorten sind Schafskäse und Gouda. Käse lieber reiben statt in dicken Scheiben in die Pfännchen geben. So landet oft insgesamt weniger Käse (und damit auch weniger Fett und Kalorien) auf dem Teller.
3. Studien zeigen, dass Alkohol die Verdauung verlangsamen kann und wir uns länger voll fühlen. Daher Alkohol – wenn überhaupt – erst nach dem Essen trinken. Wem der Mitternachtssekt schnell zu Kopf steigt, kann seinen Sekt aus einem flachen Glas trinken. Dadurch entweicht die Kohlensäure eher, welche für einen schnellen Übergang des Alkohols ins Blut verantwortlich ist. Gegen einen Kater helfen Wasser, Mineralien (z. B. in Form von Brühe, Tomatensuppe oder -saft, Rollmops, Gewürzgurken oder ein herzhaftes Frühstück), Entspannung und Wärme!

# Tannenbaum – 6 Tipps für Pflege und Kauf

**Für viele ist erst Weihnachten, wenn der Christbaum steht… eine Tradition, von der man möglichst lange etwas haben will. Hier finden Sie Pflegetipps für einen schönen Christbaum.**

Am längsten halten sich die Nordmanntanne und die Blaufichte. Einen frischen Baum erkennen Sie daran, dass die Schnittkante vom Harz leicht feucht und hell ist, beim Schütteln keine Nadeln abfallen und das Holz unter der Rinde feucht ist. Bei einem Baum im Topf sollten Sie den Wurzelballen kontrollieren. Dieser sollte fest, gut durchwurzelt und kompakt bleiben, wenn man die Pflanze aus dem Topf zieht. Plantagenbäume werden in der Regel stark gespritzt und legen oft lange Transportwege zurück. Deshalb spricht einiges dafür, den Baum aus einer nachhaltigen Quelle zu beziehen. Garantiert giftfrei sind Bäume mit Öko-Siegel.

Lagern Sie den Baum an einem kühlen, schattigen, windgeschützten Ort und stellen Sie ihn direkt in einen Eimer Wasser. Ungefähr eine Woche vor Heiligabend sollten Sie den Baum ins Haus holen. Gewöhnen Sie Ihren Baum langsam ans warme Wohnzimmer und sägen Sie kurz vor dem Aufstellen eine 3 cm dicke Scheibe ab, dann sind die Leitungsbahnen wieder frei und der Baum bleibt lange frisch. Am besten man verwendet einen Weihnachtsbaumständer mit Wasserbehälter, den man jeden Tag wieder ein wenig auffüllt. Außerdem ist es gut, wenn der Baum ab und zu ein wenig mit Wasser eingesprüht wird.

KW 53

30
Montag

31
Silvester
Dienstag

1
Neujahr
Mittwoch

2
Donnerstag

3
Freitag

4
Samstag

5
Sonntag

# Gefühlstagebuch

Malen Sie jeden Tag eine Form passend zu Ihrer Stimmung aus.

Am Ende jedes Vierteljahres können Sie dann ablesen, wie Ihre Gefühlslage war.

## Oktober

## November

- glücklich
- müde
- motiviert
- antriebslos
- entspannt
- traurig
- dankbar
- nachdenklich

## Dezember

# Rückblick auf die letzten Monate

Das sind meine Erfolge in 2024:

Das habe ich über mich selbst gelernt:

Meine glücklichsten Momente in 2024:

Damit will ich im neuen Jahr aufhören, weil es mich unglücklich macht:

# Schulferien 2024

## Deutschland

| | Winter | Ostern | Pfingsten |
|---|---|---|---|
| **Baden-Württemberg** | – | 23.03. – 05.04. | 21.05. – 31.05. |
| **Bayern** | 12.02. – 16.02. | 25.03. – 06.04. | 21.05. – 01.06. |
| **Berlin** | 05.02. – 10.02. | 25.03. – 05.04. | 10.05. |
| **Brandenburg** | 05.02. – 09.02. | 25.03. – 05.04. | 10.05. |
| **Bremen** | 01.02. – 02.02. | 18.03. – 28.03. | 10.05. / 21.05. |
| **Hamburg** | 02.02. | 18.03. – 28.03. | 10.05. / 21.05. – 24.05. |
| **Hessen** | – | 25.03. – 13.04. | – |
| **Mecklenburg-Vorpommern** | 05.02. – 16.02. | 25.03. – 03.04. | 10.05. / 17.05.–21.05. |
| **Niedersachsen** | 01.02. – 02.02. | 18.03. – 28.03. | 10.05. / 21.05. |
| **Nordrhein-Westfalen** | – | 25.03. – 06.04. | 21.05. |
| **Rheinland-Pfalz** | – | 25.03. – 02.04. | 21.05. – 29.05. |
| **Saarland** | 12.02. – 16.02. | 25.03. – 05.04. | 21.05. – 24.05. |
| **Sachsen** | 12.02. – 23.02. | 28.03. – 05.04. | 10.05. / 18.05. – 21.05. |
| **Sachsen-Anhalt** | 05.02. – 10.02. | 25.03. – 30.03. | 21.05. – 24.05. |
| **Schleswig-Holstein** | – | 02.04. – 19.04. | 10.05. – 11.05. |
| **Thüringen** | 12.02. – 16.02. | 25.03. – 06.04. | 10.05. |

| | Sommer | Herbst | Weihnachten |
|---|---|---|---|
| **Baden-Württemberg** | 25.07. – 07.09. | 28.10. – 30.10. / 31.10. | 23.12. – 04.01. |
| **Bayern** | 29.07. – 09.09. | 28.10. – 31.10. / 20.11. | 23.12. – 03.01. |
| **Berlin** | 18.07. – 30.08. | 04.10. / 21.10. – 02.11. | 23.12. – 31.12. |
| **Brandenburg** | 18.07. – 31.08. | 04.10. / 21.10. – 02.11. | 23.12. – 31.12. |
| **Bremen** | 24.06. – 02.08. | 04.10. – 19.10. / 01.11. | 23.12. – 04.01. |
| **Hamburg** | 18.07. – 28.08. | 04.10. / 21.10. – 01.11. | 20.12. – 03.01. |
| **Hessen** | 15.07. – 23.08. | 14.10. – 21.10. | 23.12. – 10.01. |
| **Mecklenburg-Vorpommern** | 22.07. – 31.08. | 04.10. / 21.10. – 26.10. / 01.11. | 23.12. – 06.01. |
| **Niedersachsen** | 24.06. – 02.08. | 04.10. – 19.10. / 01.11. | 23.12. – 04.01. |
| **Nordrhein-Westfalen** | 08.07. – 20.08. | 14.10. – 26.10. | 23.12. – 06.01. |
| **Rheinland-Pfalz** | 15.07. – 23.09. | 14.10. – 25.10. | 23.12. – 08.01. |
| **Saarland** | 15.07. – 23.08. | 14.10. – 25.10. | 23.12. – 03.01. |
| **Sachsen** | 20.06. – 02.08. | 07.10. – 19.10. | 23.12. – 03.01. |
| **Sachsen-Anhalt** | 24.06. – 03.08. | 30.09. – 12.10. / 01.11. | 23.12. – 04.01. |
| **Schleswig-Holstein** | 22.07. – 31.08. | 04.10. / 21.10. – 01.11. | 19.12. – 07.01. |
| **Thüringen** | 20.06. – 31.07. | 30.09. – 12.10. | 23.12. – 03.01. |

# Österreich

| | Ostern | Pfingsten | Sommer | Herbst | Weihnachten |
|---|---|---|---|---|---|
| **Burgenland** | 23.03. – 01.04. | 18.05. – 20.05. | 29.06. – 02.09. | 28.10. – 31.10. / 02.11. / 11.11. | 24.12. – 06.01. |
| **Kärnten** | 19.03. / 23.03. – 01.04. | 18.05. – 20.05. | 06.07. – 08.09. | 28.10. – 31.10. | 24.12. – 06.01. |
| **Nieder-österreich** | 23.03. – 01.04. | 18.05. – 20.05. | 29.06. – 02.09. | 28.10. – 31.10. / 15.11. | 24.12. – 06.01. |
| **Ober-österreich** | 23.03. – 01.04. | 04.05. / 18.05. – 20.05. | 06.07. – 08.09. | 28.10. – 31.10. | 24.12. – 06.01. |
| **Salzburg** | 23.03. – 01.04. | 18.05. – 20.05. | 06.07. – 08.09. | 24.09. – / – 28.10. – 31.10. | 24.12. – 06.01. |
| **Steiermark** | 19.03. / 23.03. – 01.04. | 18.05. – 20.05. | 06.07. – 08.09. | 28.10. – 31.10. | 24.12. – 06.01. |
| **Tirol** | 19.03. / 23.03. – 01.04. | 18.05. – 20.05. | 06.07. – 08.09. | 28.10. – 31.10. | 24.12. – 06.01. |
| **Vorarlberg** | 19.03. / 23.03. – 01.04. | 18.05. – 20.05. | 06.07. – 08.09. | 28.10. – 31.10. | 24.12. – 06.01. |
| **Wien** | 23.03. – 01.04. | 18.05. – 20.05. | 29.06. – 02.09. | 28.10. – 31.10. / 15.11. | 24.12. – 06.01. |

# Schweiz

| | Sportferien | Frühling | Sommer | Herbst | Weihnachten |
|---|---|---|---|---|---|
| **Aargau** | – | 08.04. – 19.04. | 22.07. – 09.08. | 30.09. – 11.10. | 23.12. – 03.01. |
| **Basel-Land** | 10.02. – 25.03. | 23.03. – 07.04. / 10.05. | 29.06. – 11.08. | 28.09. – 14.10. | 21.12. – 06.01. |
| **Basel-Stadt** | 10.02. – 24.02. | 23.03. – 06.04. / 10.05. | 29.06. – 10.08. | 28.09. – 12.10. | 21.12. – 04.01. |
| **Bern** | – | 06.04. – 21.04. | 06.07. – 11.08. | 21.09. – 13.10. | 21.12. – 05.01. |
| **Freiburg** | 12.02. – 16.02. | 29.03. – 12.04. / 10.05. / 20.05. | 01.07. – 21.08. | 14.10. – 20.10. | 23.12. – 03.01. |
| **Genf** | 19.02. – 23.02. | 29.03. – 12.04. / 10.05. | 01.07. – 18.08. | 21.10. – 24.10. | 23.12. – 03.01. |
| **Jura** | 19.02. – 23.02. | 29.03. – 12.04. | 08.07.–16.08. | 14.10. – 25.10. | 23.12. – 03.01. |
| **Luzern** | 03.02. – 18.02. | 28.3. – 14.04. | 06.07. – 18.08. | 28.09. – 13.10. | 21.12. – 05.01. |
| **Neuenburg** | 26.02. – 01.03. | 29.03. – 12.04. / 10.05. | 08.07. – 16.08. | 07.10. – 18.10. | 23.12. – 03.01. |
| **Obwalden** | 03.02. – 18.02. | 23.03. – 14.04. | 06.07. – 18.08. | 28.09. – 13.10. | 21.12. – 05.01. |
| **Schaffhausen** | 27.01. – 11.02. | 13.04. – 28.04. | 06.07. – 11.08. | 28.09. – 20.10. | 24.12. – 05.01. |
| **Solothurn** | 05.02. – 16.02. | 08.04. – 19.04. | 08.07. – 09.08. | 30.09. – 18.10. | 23.12. – 03.01. |
| **Thurgau** | 29.01. – 04.02. | 29.03. – 14.04. / 09.05. – 20.05. | 08.07. – 11.08. | 07.10. – 20.10. | 23.12. – 05.01. |
| **Uri** | 02.03. – 10.03. | 27.04. – 12.05. | 06.07. – 18.08. | 05.10. – 20.10. | 21.12. – 06.01. |
| **Waadt** | 10.02. – 18.02. | 29.03. – 14.04. | 29.06. – 18.08. | 12.10. – 27.10. | 21.12. – 05.01. |
| **Wallis** | 26.02. – 08.03. | 06.05. – 10.05. | 01.07. – 18.08. | 14.10. – 25.10. | 23.12. – 03.01. |
| **Zürich** | – | 22.04. – 04.05. | 15.07. – 17.08. | 07.10. – 19.10. | 23.12. – 04.01. |

# Jahresübersicht 2025

## JANUAR

| | | | | | |
|---|---|---|---|---|---|
| Mo | | 6 | ○ | 20 | 27 |
| Di | | ☽ | 14 | ☾ | 28 |
| Mi | 1 | 8 | 15 | 22 | ● |
| Do | 2 | 9 | 16 | 23 | 30 |
| Fr | 3 | 10 | 17 | 24 | 31 |
| Sa | 4 | 11 | 18 | 25 | |
| So | 5 | 12 | 19 | 26 | |

## FEBRUAR

| | | | | | |
|---|---|---|---|---|---|
| Mo | | 3 | 10 | 17 | 24 |
| Di | | 4 | 11 | 18 | 25 |
| Mi | | ☽ | ○ | 19 | 26 |
| Do | | 6 | 13 | ☾ | 27 |
| Fr | | 7 | 14 | 21 | ● |
| Sa | 1 | 8 | 15 | 21 | |
| So | 2 | 9 | 16 | 23 | |

## MÄRZ

| | | | | | | |
|---|---|---|---|---|---|---|
| Mo | | 3 | 10 | 17 | 24 | 31 |
| Di | | 4 | 11 | 18 | 25 | |
| Mi | | 5 | 12 | 19 | 26 | |
| Do | | ☽ | 13 | 20 | 27 | |
| Fr | | 7 | ○ | 21 | 28 | |
| Sa | 1 | 8 | 15 | ☾ | ● | |
| So | 2 | 9 | 16 | 23 | 30 | |

## APRIL

| | | | | | |
|---|---|---|---|---|---|
| Mo | | 7 | 14 | ☾ | 28 |
| Di | 1 | 8 | 15 | 22 | 29 |
| Mi | 2 | 9 | 16 | 23 | 30 |
| Do | 2 | 10 | 17 | 24 | |
| Fr | 4 | 11 | 18 | 25 | |
| Sa | ☽ | 12 | 19 | 26 | |
| So | 6 | ○ | 20 | ● | |

## MAI

| | | | | | |
|---|---|---|---|---|---|
| Mo | | 5 | ○ | 19 | 26 |
| Di | | 6 | 13 | ☾ | ● |
| Mi | | 7 | 14 | 21 | 28 |
| Do | 1 | 8 | 15 | 22 | 29 |
| Fr | 2 | 9 | 16 | 23 | 30 |
| Sa | 3 | 10 | 17 | 24 | 31 |
| So | ☽ | 11 | 18 | 25 | |

## JUNI

| | | | | | | |
|---|---|---|---|---|---|---|
| Mo | | 2 | 9 | 16 | 23 | 30 |
| Di | | ☽ | 10 | 17 | 24 | |
| Mi | | 4 | ○ | ☾ | ● | |
| Do | | 5 | 12 | 19 | 26 | |
| Fr | | 6 | 13 | 20 | 27 | |
| Sa | | 7 | 14 | 21 | 28 | |
| So | 1 | 8 | 15 | 22 | 29 | |

Vollmond: ○ Halbmond, abnehmend: ☾

Neumond: ● Halbmond, zunehmend: ☽

## JULI

| | | | | | |
|---|---|---|---|---|---|
| Mo | | 7 | 14 | 21 | 28 |
| Di | 1 | 8 | 15 | 22 | 29 |
| Mi | ☽ | 9 | 16 | 23 | 30 |
| Do | 3 | ○ | 17 | ● | 31 |
| Fr | 4 | 11 | ☾ | 25 | |
| Sa | 5 | 12 | 19 | 26 | |
| So | 6 | 13 | 20 | 27 | |

## AUGUST

| | | | | | |
|---|---|---|---|---|---|
| Mo | | 4 | 11 | 18 | 25 |
| Di | | 5 | 12 | 19 | 26 |
| Mi | | 6 | 13 | 20 | 27 |
| Do | | 7 | 14 | 21 | 28 |
| Fr | ☽ | 8 | 15 | 22 | 29 |
| Sa | 2 | ○ | ☾ | ● | 30 |
| So | 3 | 10 | 17 | 24 | ☽ |

## SEPTEMBER

| | | | | | |
|---|---|---|---|---|---|
| Mo | 1 | 8 | 15 | 22 | 29 |
| Di | 2 | 9 | 16 | 23 | ☽ |
| Mi | 3 | 10 | 17 | 24 | |
| Do | 4 | 11 | 18 | 25 | |
| Fr | 5 | 12 | 19 | 26 | |
| Sa | 6 | 13 | 20 | 27 | |
| So | ○ | ☾ | ● | 28 | |

## OKTOBER

| | | | | | |
|---|---|---|---|---|---|
| Mo | | 6 | ☾ | 20 | 27 |
| Di | | ○ | 14 | ● | 28 |
| Mi | 1 | 8 | 15 | 22 | ☽ |
| Do | 2 | 9 | 16 | 23 | 30 |
| Fr | 3 | 10 | 17 | 24 | 31 |
| Sa | 4 | 11 | 18 | 25 | |
| So | 5 | 12 | 19 | 26 | |

## NOVEMBER

| | | | | | |
|---|---|---|---|---|---|
| Mo | | 3 | 10 | 17 | 24 |
| Di | | 4 | 11 | 18 | 25 |
| Mi | | ○ | ☾ | 19 | 26 |
| Do | | 6 | 13 | ● | 27 |
| Fr | | 7 | 14 | 21 | ☽ |
| Sa | 1 | 8 | 15 | 22 | 29 |
| So | 2 | 9 | 16 | 23 | 30 |

## DEZEMBER

| | | | | | |
|---|---|---|---|---|---|
| Mo | 1 | 8 | 15 | 22 | 29 |
| Di | 2 | 9 | 16 | 23 | 30 |
| Mi | 3 | 10 | 17 | 24 | 31 |
| Do | 4 | ☾ | 18 | 25 | |
| Fr | ○ | 12 | 19 | 26 | |
| Sa | 6 | 13 | ● | ☽ | |
| So | 7 | 14 | 21 | 28 | |

# IMPRESSUM

FOTOS: SWR (S. 2, S. 15, S. 16, S. 23, S. 26, S. 31, S. 34, S. 47, S. 56, S. 59, S. 67, S. 72, S. 79, S. 83, S. 84, S. 88, S. 90, S. 93, S. 94, S. 101, S. 102, S. 107, S. 108, S. 111, S. 116, S. 118, S. 121, S. 122, S. 124, S. 125, S. 128, S. 130, S. 132, S. 135, S. 137, S. 142, S. 145, S. 149, S. 150, S. 152, S. 153); Freepik (Gefühlstagebuch, Monatsübersichtsseiten und Hintergrundbilder, S. 2, S. 3, S. 16, S.20, S. 26, S. 27, S. 36, S. 38, S. 39, S. 44, S. 46, S. 51, S. 52, S. 53, S. 56, S. 62, S. 63, S. 72, S. 73, S. 78, S. 84, S. 96, S. 97, S. 108, S. 136, S. 142, S. 143, S. 153); AdobeStock (S. 52, S. 102)

REZEPTE: Antonina Müller (S. 14/15), Jörg Sackmann (S. 22/23, S. 130), Christian Henze (S. 30/31), Sarah Gierig (S. 34, S. 63, S. 94), Rainer Klutsch (S. 47, S. 66/67, S. 92/93, S. 118, S. 148/149), Theresa Knipschild (S. 50/51, S. 120/121, S. 125, S. 137, S. 150), Natalie Lumpp (S. 56), Kevin von Holt (S. 58/59, S. 106/107, S. 116), Dr. Stephan Lück (S. 73), Andreas Schweiger (S. 82/83), Fatmanur Kilic (S. 88, S. 125), Jacqueline Amirfallah (S. 100/101), Cynthia Barcomi (S. 110/111), Tarik Rose (S. 134/135), Jörg Huber (S. 144/145), Melanie Wenzel (S. 153)

TEXTE: Die Inhalte dieses Buches wurden von Redakteur*innen und Expert*innen der TV-Sendung »ARD-Buffet« erstellt und für dieses Kalenderbuch aufbereitet.

SATZ: Dagmar Herrmann, www.two-up.de

COVER: Eva Hook

PRODUKTMANAGEMENT: Lara Franke, Stephanie Iber

HERSTELLUNG: Katrin Röhlig

DRUCK UND BINDUNG: PNB Print Ltd, Lettland



1. Auflage 2023

ISBN: 978-3-7358-5133-8 • Best.-Nr. 25133

MIX
Papier | Fördert gute Waldnutzung
FSC www.fsc.org FSC® C084698

Penguin Random House
Verlagsgruppe FSC® N001967